教育部　财政部中等职业学校教师素质提高计划成果
农村经济管理专业师资培训包开发项目（LBZD009）

U0875499

农村经济管理专业教学法

Nongcun Jingji Guanli Zhuanye Jiaoxuefa

教育部　财政部　组编
李明贤　主编
罗　峦　执行主编

中国铁道出版社
CHINA RAILWAY PUBLISHING HOUSE

内容简介

为贯彻落实《国务院关于大力发展职业教育的决定》中关于实施“职业院校教师素质提高计划”的精神，提高中等职业学校农村经济管理专业教师教学能力，在教育部、财政部的大力支持和指导下，农村经济管理专业师资培训包开发项目组编写了一系列教师培训教材，《农村经济管理专业教学法》教材是其中之一。编者从新时期农村经济管理行业发展特点和趋势出发，在明确中等职业教育农村经济管理专业适应的岗位任务、所需能力和专业教学特点的基础上，构建了以培养学生职业能力为目标的一系列专业教学法。

本教材是一本较为系统和全面的农村经济管理职业教育教学法教材，不仅适合中等职业学校农村经济管理专业教师学习和应用，也值得广大高等职业院校和普通高等院校经济管理类教师在教学活动中参考与借鉴。

图书在版编目（CIP）数据

农村经济管理专业教学法 / 教育部，财政部组编 .— 北京：中国铁道出版社，2012.3

教育部、财政部中等职业学校教师素质提高计划成果 . 农村经济管理专业师资培训包开发项目 ：LBZD009

ISBN 978-7-113-14141-7

Ⅰ . ①农… Ⅱ . ①教… ②财… Ⅲ . ①农村经济－经济管理－中国－教学法－中等专业学校－师资培训－教材 Ⅳ . ① F32-42

中国版本图书馆 CIP 数据核字（2012）第 008994 号

书　　名：农村经济管理专业教学法
作　　者：教育部　财政部　组编

责任编辑：王　彬　　　**读者热线**：400-668-0820
编辑助理：何　佳
封面设计：刘　颖
封面制作：白　雪
责任印制：李　佳

出版发行：中国铁道出版社（100054，北京市西城区右安门西街 8 号）
网　　址：http://www.51eds.com
印　　刷：北京市昌平开拓印刷厂
版　　次：2012 年 3 月第 1 版　　2012 年 3 月第 1 次印刷
开　　本：787mm×1092mm　1/16　**印张**：9.75　**字数**：216 千
印　　数：1 ～ 1 000 册
书　　号：ISBN 978-7-113-14141-7
定　　价：22.00 元

版权所有　侵权必究

凡购买铁道版图书，如有印制质量问题，请与本社教材图书营销部联系调换。电话：(010) 63550836

打击盗版举报电话：(010) 63549504

教育部　财政部中等职业学校教师素质提高计划成果
系列丛书

编写委员会

主　任　鲁　昕
副主任　葛道凯　赵　路　王继平　孙光奇
成　员　郭春鸣　胡成玉　张禹钦　包华影　王继平（同济大学）
　　　　刘宏杰　王　征　王克杰　李新发

专家指导委员会

主　任　刘来泉
副主任　王宪成　石伟平
成　员　翟海魂　史国栋　周耕夫　俞启定　姜大源
　　　　邓泽民　杨铭铎　周志刚　夏金星　沈　希
　　　　徐肇杰　卢双盈　曹　晔　陈吉红　和　震
　　　　韩亚兰

教育部　财政部中等职业学校教师素质提高计划成果
系列丛书

农村经济管理专业师资培训包开发项目（LBZD009）

项目牵头单位　湖南农业大学

项 目 负 责 人　李明贤

出版说明

根据2005年全国职业教育工作会议精神和《国务院关于大力发展职业教育的决定》（国发【2005】35号），教育部、财政部2006年12月印发了《关于实施中等职业学校教师素质提高计划的意见》（教职成【2006】13号），决定“十一五”期间中央财政投入5亿元用于实施中等职业学校师资队伍建设相关项目。其中，安排4 000万元，支持39个培训工作基础好、相关学科优势明显的全国重点建设职教师资培养培训基地牵头，联合有关高等学校、职业学校、行业企业，共同开发中等职业学校重点专业师资培训方案、课程和教材（以下简称“培训包项目”）。

经过四年多的努力，培训包项目取得了丰富成果。一是开发了中等职业学校70个专业的教师培训包，内容包括专业教师的教学能力标准、培训方案、专业核心课程教材、专业教学法教材和培训质量评价指标体系5方面成果。二是开发了中等职业学校校长资格培训、提高培训和高级研修3个校长培训包，内容包括校长岗位职责和能力标准、培训方案、培训教材、培训质量评价指标体系4方面成果。三是取得了7项职教师资公共基础研究成果，内容包括中等职业学校德育课教师、职业指导和心理健康教育教师培训方案、培训教材，教师培训项目体系、教师资格制度、教师培训教育类公共课程、职业教育教学法和现代教育技术、教师培训网站建设等课程教材、政策研究、制度设计和信息平台等。上述成果，共整理汇编出300多本正式出版物。

培训包项目的实施具有如下特点：一是系统设计框架。项目成果涵盖了从标准、方案到教材、评价的一整套内容，成果之间紧密衔接。同时，针对职教师资队伍建设的基础性问题，设计了专门的公共基础研究课题。二是坚持调研先行。项目承担单位进行了3 000多次调研，深度访谈2 000多次，发放问卷200多万份，调研范围覆盖了70多个行业和全国所有省（区、市），收集了大量翔实的一手数据和材料，为提高成果的科学性奠定了坚实基础。三是多方广泛参与。在39个项目牵头单位组织下，另有110多所国内外高等学校和科研机构、260多个行业企业、36个政府管理部门、277所职业院校参加了开发工作，参与研发人员2 100多人，形成了政府、学校、行业、企业和科研机构共同参与的研发模式。四是突出职教特色。项目成果打破学科体系，根据职业学校教学特点，结合产业发展实际，将行动导向、工作过程系统化、任务驱动等理念应用到项目开发中，体现了职教师资培训内容和方式方法的特殊性。五是研究实践并进。几年来，项目承担单位在职业学校进行了1 000多次成果试验。阶段性成果形成后，在中等职业学校专业骨干教师国家级培训、省级培训、企业实践等活动中先行试用，不断总结经验、修改完善，提高了项目成果的针对性、应用性。六是严格过程管理。两部成立了专家指导委员会和项目管理办公室，在项目实施过程中先后组织研讨、培训和推进会近30次，来自职业教育办学、研究和管理一线的数十位领导、专家和实践工作者对成果进行了严格把关，确保了项目开发的正确方向。

作为“十一五”期间教育部、财政部实施的中等职业学校教师素质提高计划的重要内容，培训包项目的实施及所取得的成果，对于进一步完善职业教育师资培养培训体系，推动职教师资培训工作的科学化、规范化具有基础性和开创性意义。这一系列成果，既是职教师资培养培训机构开展教师培训活动的专门教材，也是职业学校教师在职自学的重要读物，同时也将为各级职业教育管理部门加强和改进职教教师管理和培训工作提供有益借鉴。希望各级教育行政部门、职教师资培训机构和职业学校要充分利用好这些成果。

为了高质量完成项目开发任务，全体项目承担单位和项目开发人员付出了巨大努力，中等职业学校教师素质提高计划专家指导委员会、项目管理办公室及相关方面的专家和同志投入了大量心血，承担出版任务的11家出版社开展了富有成效的工作。在此，我们一并表示衷心的感谢!

编写委员会

2011年10月

前　言

一、编写的意义

中等职业学校农村经济管理专业教师教学能力培养，是中等职业学校农村经济管理专业师资队伍建设的重要内容之一。培养中等职业学校农村经济管理专业教师掌握现代的职业教育理念和科学的职业教育教学方法，全面提高专业教师的教学能力和教学水平，并提高专业教师教学方法的改革和课程开发能力，对提高我国中等职业学校农村经济管理专业教师教学能力，提高中职农经人才培养质量，满足农村经济发展和社会主义新农村建设的需要具有十分重要的意义。

二、编写的原则

1. 坚持以先进的职业教育理念为指导，为新时期农村经济管理职业人才培养的教育目标服务的原则

现代职业教育理论认为，职业教育培养的人才，不仅要有技术适应能力，更重要的是有能力本着对社会、经济和环境负责的态度，参与设计和创造未来的技术和劳动世界。编者认为，与其他专业技能型职业人才不同，市场经济条件下的农村经济管理类职业人才对应的岗位大多是市场经营活动中充当决策者的角色，如农产品经纪人、农产品营销员、专业种养农户、专业服务公司或合作社管理人员等。他们的职业活动与市场交换活动是紧密相连的，其职业生涯中时刻处于选择或决策过程中，如对生产技术的选择、生产产品的选择、销售对象的选择等。市场经济下农村经济管理专业教学要重视培养学生掌握处理问题的方法，培养其面对不同的情境，如何有效解决问题的能力。因此，在教学方法选择方面也要体现这一类人才培养目标，教材在编写过程中始终坚持为新时期农村经济管理职业人才培养的教育目标服务的编写原则。

2. 坚持教学方法的选择与职业教育农村经济管理专业特点紧密结合的原则

职业教育的农村经济管理专业与普通高等教育的农村经济管理专业相比，最大的不

同点在于其专业鲜明的职业属性。职业教育的农村经济管理专业的教学过程与农村经济管理相关的职业领域的行动过程，即与职业的工作过程具有一致性。因此，职业教育农村经济管理专业教学法的开发应植根于职业教育的专业属性之中，准确把握农村经济管理职业人才的职业能力要求，教学目标应该以专业所对应的典型职业活动的工作能力为导向，教学过程以专业所对应的典型职业活动的工作过程为导向，教学行动则应该以专业所对应的典型职业活动的工作情境为导向。但是中职农经教育又不同于其他技术性和操作性很强的中职专业教育，这个专业培养的人才需要具备的是柔性技术，需要更强的创新性和综合思辨能力，需要更强的知识的迁移能力。因此，在教材编写过程中，编者认真将农村经济管理专业特点和职业教育特点紧密结合，既选择了适合新时期职业教育目标的各类行动导向教学法，也选择了在经济管理类课程教学用应用较广泛，教学效果较好的讨论和练习等传统的教学方法，并对传统教学方法的教学过程进行创新和改造，添加富有行动导向的元素，使之更符合新时期职业化人才培养目标要求，也为教师自主开发专业课程教学方法提供了有借鉴意义的思路。

3. 坚持教学方法的选择体现中等职业教育学生的认知特点和主体性特征的原则

教育研究与实践都表明，不同智能类型和不同智能结构的个体，对知识的掌握具有不同的指向性。大量实证研究表明，职业学校的学生具有特殊智能倾向和学习心理。因此，教材在撰写各教学方法的实施步骤和效果评价、注意事项等内容中都突出了充分考虑中等职业教育学生的智能、认知和学习心理的特点，指导教师在教学过程中从学生主体出发，针对不同的教学目标灵活应用各种教学方法，重点培养学生的主动获取知识和技能的学习习惯，强调教学过程中要通过学生的自我行动，认识农村经济管理职业岗位职业能力要求，以及从完成岗位任务过程中，获得岗位要求的职业能力，并最终实现专业知识和技能的自我构建。

4. 坚持从职业真实环境出发对教学过程整体设计的原则

教学方法是师生活动方式、步骤、手段的技术，职业教育具有“职业性”的本质特征，而职业又具有社会性特征。因此，职业教育教学应重视从真实环境的工作过程出发，通过分析岗位任务和能力要求，对学习情境进行整体设计，才能更好地培养学生职业能力。在职业性思想的指导下，遵循从真实的职业环境出发的原则，编者对教材中所选用的案例都进行了仔细斟酌，做到案例与我国农业产业、农村经济发展实际紧密结合，与主要的农村经济管理活动紧密结合，有效地提高了教学与职业环境的匹配性。

三、编写的思路和分工

教材的整体编写思路是：从农村经济管理领域行业出发，准确把握农村经济管理行业的发展现状及趋势，以现代农业产业体系发展和社会主义新农村建设对经济管理人才的需求为核心，深入剖析基于职业导向的农村经济管理专业的职业岗位任务和能力体系构成，探明职业教育的农村经济管理专业教学法的选择原则和主导方向，明确职业教育的农村经济管理专业教学法的任务和目标。以先进的职业教育理念为指导，借鉴国内外先进的职业教育专业教学法研究成果，构建以培养农村经济管理专业学生职业能力为目标的系列农村经济管理专业教学法，并对各教学方法的基本内涵、操作步骤、应用条件、专业中的具体应用等进行了详细的阐述和分析，是一本适合中等职业学校农村经济管理专业教师开展教学法学习和应用的实用性教材。

教材编写分工：罗峦负责教材第一章、第五章第二节、第六章和第十一章的撰写工作；邹立君负责教材第四章和第五章第一节，以及每个教学法介绍部分的撰写工作；何平均负责第八章、第十章和第十二章的撰写工作；陈建负责第二章和第七章的撰写工作；何跃飞负责第九章的撰写工作；肖淑兰负责第三章的撰写工作，最后由罗峦负责统稿。

由于编者水平有限，编写过程中可能存在失误和疏漏之处，敬请读者批评指正。

编　者

2011年6月

目 录

上篇　专业教学特点分析

上　篇

专业教学特点分析

现代农业是农产品生产与加工、农业资源的保护与利用、农业生产的投入与支持、农业科技的开发与推广、农产品运销、食品质量安全、农产品国际市场的开发等各个方面构成的有机统一体。要建设好现代农业，需要一大批高科技文化素质的从业人员，尤其需要懂经营、会管理的农村实用型经济管理职业人才。随着我国农业产业化的快速发展，农村产业结构的不断优化，农村经济管理职业岗位群也发生了较大的变化，深入了解市场经济条件下的农村经济管理类职业人才的岗位能力与典型工作任务要求，明确专业发展的未来方向，对提高专业教师的教学能力具有十分重要的意义。本篇内容从农村经济管理行业发展和职业岗位特征出发，突出新时期农村经济管理职业人才需求特点，重点分析职业导向下的农村经济管理专业教材内容和教学要求，并指明职业教育农村经济管理专业教学法的选择原则和具体方向。期望本篇内容对广大农村经济管理类相关专业教师在教学内容和教学方法改革方面具有启发价值和参考作用。

第一章　农村经济管理领域行业与职业分析

职业分析是职业教育专业和课程体系设置的出发点，是专业课程设计和专业教学法开发的基础。职业分析是指确认、描述社会职业所含任务及作业项目的科学分析过程，通过职业分析，可以将一个或若干个社会职业归结为一个职业群，一个职业群对应一个“专业”。具体来看，职业分析是针对某一工作岗位,分析确认其性质、繁简难易程度、责任轻重及执行该工作应具备的学识、技能与经验的一系列分析活动。本教材从农村经济管理领域行业的发展状况出发，通过分析农村经济管理领域职业的主要活动内容和任务，确定农村经济管理职业的岗位（群），明确支撑该职业领域的岗位的任务和职业能力，从而为以职业为导向的中等职业学校农村经济管理专业的课程体系和核心课程的设置和专业教学法开发提供参考和依据。

职业的形成和发展与其相关产业及行业的发展密不可分。随着我国农村经济体制改革的不断深入，农业产业化、农业市场化推进进程的加快，农村、农业领域分工的深化，我国农村经济管理领域的职业也在不断演变。要确定农村经济管理专业的人才需求、岗位任务和职业能力要求，需要认真分析农村经济管理领域行业的发展现状、发展趋势及其对农村经济管理人才职业发展的影响。

第一节　农村经济管理领域行业发展现状分析

1978年党的十一届三中全会作出了把党和国家工作中心转移到经济建设上来，实行改革开放的历史性决策，拉开了我国农村经济改革的序幕。三十多年的改革开放，极大地解放了生产力，带来了我国农业、农村经济的繁荣进步，也促进了我国农村经济主体的创新和发展。

一、我国农村经济改革与发展历程概述

我国农村经济改革发展历程可以分为四个阶段：

第一阶段（1978—1984年），是农村基本经营制度确立阶段。这一阶段主要推进和完善了家庭联产承包责任制，确立了家庭经营为农村的基本经营制度，实现了农村微观经济主体的重构。第二阶段（1985—1991年），重点推进农产品流通体制改革阶段。这一阶段打破了农产品统购统销的体制，农产品流通全面放开，逐步确立了农产品市场化流通体

制。第三阶段（1992—1997年），以农业产业化经营为核心的农村改革深化阶段。随着农产品流通体制改革和农业产业结构调整，农产品买难卖难问题、小农户和大市场的矛盾开始凸显，实践经验证明，解决这些矛盾的有效出路是实行农业产业化经营，通过各种模式如“公司＋农户”、“公司＋基地”、“公司＋中介组织＋农户”等，连接农户与市场，有利于解决小农户与大市场的矛盾，帮助农产品实现其商品价值，产业化经营的发展带动了涉农企业的发展和农业产业化组织的创新。这一时期也是我国乡镇企业快速发展时期。第四阶段（1998至今），城乡统筹发展新阶段。这一阶段我国农业和农村经济进入了新的发展阶段，农业税的取消、各种补贴的实施，农村教育、医疗等领域系列改革措施的出台，社会主义新农村建设发展战略的提出等，标志着我国以工补农、以城带乡、城乡统筹发展的时代的到来。

总体来看，三十多年的农村经济改革发展历程实质是我国农业由自给自足的小农经济逐渐向商品化程度不断提高的市场农业转变的过程，改革最重大的突破是农业产业化经营的推进。农业产业化经营是以市场为导向，以家庭承包经营为基础，以农产品加工企业、合作经济组织为带动，将农产品的生产、加工和销售有机结合起来，实现了农业产业区域化布局、专业化生产、企业化管理、社会化服务和一体化经营。推动农业产业化经营可以说是农村家庭承包经营体制改革后农村经营体制和组织制度的又一次重大创新，它拓宽了农业和农村经济的发展思路，创新了我国农业和农村经济的发展理念。产业化经营坚持市场引导生产发展的理念，按照市场需求安排生产，确定主导产业，更优化地配置了农村、农业资源；产业化经营坚持一体化发展理念，大力发展农产品加工流通，拓展了产业链，使农产品的产、销有机结合起来，构建了农业完整产业体系，改变了传统农业天生弱势的地位；产业化经营提升了农业产业的效益和竞争力，有利于农业增产、农民增收。因此，未来农业产业化经营仍将是我国农业发展的主路径，它将进一步促进产业内分工的深化，推动农村经济发展，为农村经济管理人才就业创造更广阔的天地。

二、农业产业化推进了农村经济主体的发展

1. 农业产业化经营与龙头企业发展

农业产业化模式主要有“公司+农户”、“公司+基地”和“龙头企业+中介组织（合作社）+农户”三种形式。牛若峰在2002年的调研表明，在中国农业产业化模式中居于首位的是龙头企业带动型，居第二位的是合作经济等中介组织带动型，居第三位的是专业市场带动型。因此，龙头企业是农业产业化经营中的非常重要的主体之一。长期以来，国家和地方政府都非常重视对龙头企业的扶持，2000—2008年，农业部等八部委先后认定了四批890多家国家重点农业产业化龙头企业，各省（自治区、直辖市）也先后认定了5 700多家省级重点龙头企业，被认定的重点龙头企业得到了国家税收政策、产业发展政策、资金等多方面的支持和扶助。2009年的中央一号文件《中共中央国务院关于2009年促进农业稳定发展农民持续增收的若干意见》中又明确提出“扶持农业产业化经营，鼓励发展农产品加工，让农民更多分享加工流通增值收益。中央和地方财政增加农业产业化专项资金规模，重点支持对农户带动力强的龙头企业开展技术研发、基地建设、质量检测。鼓励龙头企业在财政支持下参与担保体系建设。采取有效措施帮助龙头企业解决贷款难问题”。

随着国家对农业产业化经营扶持力度的加大，龙头企业发展能力快速提升，农产品精深加工比重明显增加，产业链条拓展，产业附加值明显提高，目前，我国农产品加工率已超过50%。在玉米加工制品、乳制品、肉类制品、果品，蔬菜等已具备一定基础的产业领域内率先出现一批竞争力强和市场占有率高的龙头企业集群，形成大中小型龙头企业共同发展的格局。到2007年底，全国有各类农业产业化组织17.16万个，带动农户9 511万户；全国各类农业产业化组织中，有农业产业化龙头企业75 487家，占产业化组织总数的44%，年销售收入500万以上的龙头企业44 895家，过亿元的5 889家；2000—2007年，我国农业产业化龙头企业固定资产总值由3 071亿元增加至12 878亿元，增长近3.2倍；龙头企业实力的增强，带来了农业产业的升级和农村就业结构的变化，截至2007年底，全国各类农业产业化组织从业人数4 183万人，其中农业产业化龙头企业从业人数2 358万人，龙头企业从业人数占产业化组织从业人数的比重达56.4%；到2007年底，全国规模以上的农产品加工企业达10.4万多家，从业人数达2 225万人，全年实现增加值26 700亿元，占全部规模工业增加值的33.85%，农产品加工业已成为了我国国民经济的一大支柱产业。

2. *农业产业化经营与农产品流通主体发展*

20世纪末，我国农业和农村经济发展进入了一个新的历史发展时期，产业化经营使农产品告别了短缺时代，总体趋势是供给总量基本平衡、丰年有余。农业市场化背景下农产品流通和销售占据了主导地位，摆在我们面前的不是如何生产更多的农产品满足消费者的需求，而是如何搞活农产品流通，农产品流通领域的人才需求日益凸显。

统计显示，2007年我国国内生产总值为249 529.9亿元，比上一年增长11.9%，其中，第一产业28 095亿元，占国内生产总值的11.3%，而农产品流通交易额达15 000亿元左右，占农业产值的45%以上，农产品流通对农业产业经济的贡献率逐渐提高，流通在产业经济发展中的地位不断提升。2007年，中央一号文件《中共中央 国务院关于积极发展现代农业扎实推进社会主义新农村建设的若干意见》指出，要“建设农产品流通设施和发展新型流通业态；采取优惠财税措施，支持农村流通基础设施建设和物流企业发展；要合理布局，加快建设一批设施先进、功能完善、交易规范的鲜活农产品批发市场；大力发展农村连锁经营、电子商务等现代流通方式；加快建设‘万村千乡市场’、‘双百市场’、‘新农村现代流通网络’和‘农村商务信息服务’等工程；支持龙头企业、农民专业合作组织等直接向城市超市、社区菜市场和便利店配送农产品”。文件同时指出培育农产品流通主体是促进现代农产品流通发展的重要内容，要“积极发展多元化市场流通主体，加快培育农村经纪人、农产品运销专业户和农村各类流通中介组织”。

目前，农产品流通产业已成为农民就业的最大基盘，2007年我国仅蔬菜流通领域就业人数就超过9 000万人，我国大型连锁零售商在产地采购产品的80%～90%是通过产地市场和产地经纪人实现的。随着农产品流通竞争的发展，产地农产品市场已成为销地农产品批发市场发展的依托，更是农村商人“起家” 的摇篮。据相关行业组织统计，到2007年止，我国有农产品批发市场约4 150家，其中产地市场1 600家，销地市场2 550家，亿元以上主要农产品交易市场1 551家，其中农产品综合市场830个，专业市场721个，在亿元以上的247家蔬菜市场中，前100名的交易额由过去的3亿至5亿元提高到10亿元以上。近年，我国农产品经纪人队伍也快速发展，截至2008年底，全国共有各类经纪人78.31万户，比上年底增加22.34万户，增长39.92%。其中有领取营业执照的农村经纪人40.24万户，比上年底增加17.19万户，增长74.59%，占经纪人总数的51.39%。如重庆市2008年登记注册的农村经纪人总数为31 698 户，新增17 776 户，比2007 年底增长127%，农村经纪执业人员63 103人，比2007年底增加23 182人，增长58%，农村经纪业务量为7 619亿元，比2007 年底增加1 319 亿元，增长22%。目前，农村经纪人已成为活跃在农村经济管理领域的一支重要的生力军，服务涉及粮食、水产品、生猪、水果、花木、蔬菜加工、禽蛋等多个行业，他们沟通农产品供需有无，提供各类市场信息，协助农产品流通、销售，大大提高了农产品的流通效率。据中国农产品流通经纪人协会统计，目前全国已有农产品经纪人600多万人，加上季节性的从业者则高达1 000多万人。农产品经纪人协会组织也得到了快速发展，截至2009年11月已有2 609家，各级协会及农产品经纪人每年直接收购和帮助农民推销农产品近万亿元，在搞活农产品流通、促进城乡市场繁荣发展发挥了积极作用，协会组织的发展将进一步促进农产品经纪人职业的发展。

3. 农业产业化经营与农村合作经济组织的发展

农村家庭承包经营制度极大地发挥了农民生产经营的积极性，使农民有了发展商品生产和进入市场的客观条件，对合作的需求不断增强。20世纪80年代后期，以市场为取向的合作经济组织应运而生。发展农民专业合作组织，是引导农民进入市场和提高农业组织化程度的需要，是推进农业产业化经营，增加农民收入的有效组织形式。农业产业化经营是农业生产经营发展的方向，农民专业合作组织是农业产业化经营的有效载体。目前，许多农民专业合作组织通过实行专业化、标准化生产，开展规模化、品牌化经营，发展优势产业和特色产业，参与产业化经营，大大提高了农民组织化程度，促进了农民收入的增加。2006年，全国合作组织为成员统一组织购买农业生产投入品总值896多亿元，统一组织销售粮食、蔬菜、瓜果、肉、蛋、奶、水产品等各类农产品1.7多亿吨。

近年来，在国家政策的支持下，农民专业合作组织在数量上呈快速发展态势。据农业部统计，2006 年全国各类农民专业合作组织已经超过15 万个，成员总数3 870 多万人，是2002 年的7.2 倍，其中农户成员3 480 多万人，约占全国农户总数的13.8%，比2002 年提高了11 个百分点。2006 年底，全国有农业专业合作经济组织的乡镇数是12 723 个，占全国当年乡镇数34 756 个（不包括乡级行政单位街道和农场）的36.6%，其中，有实体型农业专业合作经济组织的乡镇5 636 个，占乡镇比重的16.2%，这表明农村经济合作组织发展还大有空间。2007年《中华人民共和国农民专业合作社法》开始实施，为农民专业合作社的快速发展提供了有力的法律支持，以农民专业合作社为主体的农民专业合作经济组织数量快速增加，到2007年底共有2.64 万户农民专业合作社在工商机关登记注册，取得法人资格，成员总数合计35.1 万人。至2008年3月底，依法在工商行政管理部门新登记的农民专业合作社迅速增加至4.3万多个。从产业种类来看，从事种植业的合作组织占49%、畜牧水产养殖业占27.7%、农机及其他专业合作组织占23.3%。从兴办方式上看，种植、养殖专业户和农民经纪人是重要的牵头主体。2009年中央一号文件提出“要加快发展农民专业合作社，开展示范社建设行动”，表明中央大力支持农民专业合作社的决心，未来我国农民专业合作社发展将不断加快，对合作社中懂经营、善管理的经济管理人才的需求将进一步加大。

三、农业产业化发展对农村经济管理人才需求分析

1. 农业产业化发展对农村经济管理人才需求迫切

产业化的发展势必引发出经营管理上的更高要求。在一般相同的生产要素下，经营者的管理水平与技巧显然更具有影响力。例如，经营者必须在瞬息万变的市场变化中敏锐地捕捉商机，良好掌握市场经济知识，继而能够有效地分析方略，合理地投入资金运作，通过新技术的运用与开发，提高农业生产能力获得相应的利润。农业产业化的最终目标就是使农业产业效益增加。这不仅需要设备设施的投入，以及资金的运作和保障，更需要取决于农业劳动者的经营管理能力和较高的文化教育素质。由于长期受计划经济与小农经济的影响，再加上文化程度低的原因，大多数农村劳动者没有接受过有关农业经营管理的教育与培训，不了解农业经营管理的基本知识，市场意识比较淡薄，信息接受与反馈能力差，很难适应和参与市场竞争的需要。因此，农业产业化发展需要数以万计的“留得住、下得去、用得上、懂技术、会经营、善管理”的农业新型劳动者。中等职业教育 是新型农业经营者培养的摇篮和载体，通过发展农村职业教育，培养适合农村经济建设需要的各级各类技能与经营复合型人才，培养新型农民和农村致富带头人，有利于加快地方农业产业、农村经济发展，为当地农村经济建设服务。

2. 农业产业化发展为中职农村经济管理人才提供了更为广阔的发展空间

农业产业化的发展与成熟同时也为农村经济管理职业人才培养开辟了广阔的道路。产业化发展得越成熟, 对人才的需求量就会越大。有学者提出，农业现代化和产业化需要七类人才：掌握农业产前、产中、产后一体化技术的人才；善于对科研成果(包括引进技术) 进行二次开发的人才；能灵敏掌握国内外市场信息的人才；善于资金和金融运作的人才；懂得经济(包括股份制)的管理人才；市场营销人才；产业化相关方面的人才。许多中职学校的农村经济管理专业在发展中认识到市场经济条件下农产品流通和销售的重要地位，特开设了农产品营销、农产品物流、农村经纪人等课程和实训环节，将人才培养方向培养农村经济管理领域岗位的实际应用人才拓展。随着农业产业化进程的不断推进，农业生产经营分工的深化和现代经营管理技术的发展，未来中职农村经济管理专业要更重视农业产业化发展对农村经济管理人才需求的影响，继续培养更多的有利于以农业产业化经营为核心的各类实用型人才，如农业企业基层管理人员、营销人员、经济核算人员；农产品批发商、储运商、经纪人；专业合作社管理人员，合作经济组织管理者等，为现代农业产业发展提供有力的人才支持。

3. 农业产业化发展对中职农村经济管理人才技能要求不断提高

真正意义上的产业化是建立在较高的科技水平和经营管理水平上的。产业化的类型不是单一的，而是多样化的，不同地区、不同行业各有各的情况和特点，企业也有不同的经营模式，比如有公司加农户模式、企业集团模式等，因而农业技术人才和经营人才的培养也应当是多类型的。农业职业学校应主动适应产业化发展过程中对人才需求的多样化特点，培养“适销对路” 的人才。

农业产业化要求农业职业教育培养输送的新型劳动者，应是具备综合职业能力和全面素质的应用型、创业型人才。因此，中等农村经济管理职业教育应把知识的传授、能力

的培养与素质的提高有机结合起来，牢固树立起以全面提高全体学生素质为目的的素质教育观念。在传授知识和技能的同时，培养学生良好的思想道德素质、科学文化素质、职业技能素质和良好的身心素质。使学生在实现农业产业化的进程中体现出良好的职业道德和社会公德，具备深厚扎实的文化专业知识、专业技能及获取知识和技能的能力；具备创新意识、竞争能力、适应能力和经营管理能力；具备能适应多个职业岗位的能力；具备健康的体魄、健全的人格、顽强的意志，以及能经受挫折和承受环境变化的良好的心理素质，全面提高中职农村经济管理人才培养的质量。

第二节　农村经济管理中等职业人才的典型工作任务和职业能力分析

一、农村经济管理专业的职业特点

1. 涉农性

农村经济管理专业直接面向农村，为农村经济管理和建设服务，其突出的职业特点是突出农业特色，加强农业经济管理知识的学习。作为农村经济管理专业的学生，通晓农业科技和生物技术基本知识和农村基本经济结构及其经济组织的构成要素和管理技能应该是区别于其他管理类专业的职业特色。

2. 实践性

农村经济管理专业的实践性特点与农业经济的开放性、具体性和复杂性特点是相适应的，要求该专业学生能够深入农村第一线取得经验和数据并作出专业判断，才能对该专业有充分认识，并做好农村经济管理工作。由此从教学方法上看，加强模拟实境实践教学，深入农村基层、甚至农户等，让学生接触和参与其管理、经营和运作的重要环节，实施模拟实境的会计、统计实习、模拟实境的农产品商务谈判和农产品期货交易等实践教学活动是十分必要的。这些模拟实境的教学活动将充分展现这一职业特点。

3. 专业性

农村微观经济组织的大量涌现及其规模化经营将是今后农村经济变化的主要特征及其发展的主要方向。具体而言，随着农村产权制度改革的不断深化和农村市场经济的不断发展，农户自主经营意识的提高和各种社会力量对农村经营的渗入，他们根据各自拥有的生产要素及资源优势、个人特长及市场需要，不断调整与寻求适合自己的经营门路，从而使原来基本类同的生产经营农户或其他从业者，逐渐发生了从业分离，专业分化，形成了各种类型的专业化或各有侧重的户营经济或小型风险企业。在这一形势下必将涌现出下乡创业者或规模经营的职业经理人、中介组织的经营者（经纪人）、农产品的流通业者等专业性农村经济管理人才，专业性将成为农村经济管理专业的职业特征之一。

4. 综合性

农村经济管理专业培养的人才必须具备系统的管理科学和经济科学的基础理论和相关的农业科学基础知识，并能全面掌握农业经济管理的基本方法和技能。为适应农村可持续发展的要求，所培养的学生，不但要具有扎实的农经管理科学、社会人文科学和生态环境科学的理论和知识，而且还要有独特的制度设计、规划制订、系统管理的思维创新能力和操作技能；应是生产经营型和生产开发型的人才；应了解最基本的最主要的相关农业技术及农产品加工技术。该专业学生应具备综合素质，掌握有关农村经济管理问题研究的定性和定量分析方法，能运用农村经济理论分析和解决问题，了解农村发展动态，掌握文献检索、资料查询的基本方法，具有一定的科学研究和实际工作能力。因此，综合性也是该专业重要的职业特征之一。

二、主要农村经济管理岗位的职业描述

职业描述是职业教育中常用的一个概念，是指对某一职业所要求的典型知识和技能的简要叙述和概括。一般认为，职业描述可从职业对应的工作对象（内容）、工作手段、工作知识和能力要求、工作环境、职业地位等几个方面特征进行概述。对一个职业进行准确的描述，是分析职业相关领域的典型工作任务和能力的基础。根据实践调查了解和当前农村经济管理人才需求的宏观分析，我们选择当前中职农村经济管理的主要就业岗位农产品营销岗位、农村经纪人岗位和村集体经济组织会计岗位进行职业描述。

1. 农产品营销职业描述

农产品营销人员是农产品加工企业或农产品营销合作社等组织中从事农产品市场调研、市场分析、营销策划、市场开拓、直接销售、客户管理等营销活动的人员。农产品营销职业的分类可参照国家对营销师职业的分类标准，依据劳社厅发[2006]1 号文件，营销师职业共设五个等级，分别为：营销员（国家职业资格五级）、高级营销员（国家职业资格四级）、助理营销师（国家职业资格三级）、营销师（国家职业资格二级）、高级营销师（国家职业资格一级），农产品营销中等职业教育人才培养目标应达到营销员职业资格。

农产品营销是农产品加工企业中重要的职能部门。其职业活动内容主要有：农产品市场调查与分析，农产品营销策划、产品管理、价格管理、渠道管理、促销管理，产品推销、商务谈判、客户关系管理等。

农产品营销职业要求从业工作者不仅要具有基本的文化知识，还要具有营销专业知识、相关的农产品知识、管理知识、市场调查与预测的知识、农产品物流知识、法律知识等。随着我国市场经济的不断推进，农产品市场也呈现买方市场格局，容易出现产品难卖现象，因此，农产品营销职能在农产品加工企业、农民专业合作社组织中的作用将越来越突出。

2. 农产品经纪人职业描述

农产品经纪人是指从事农产品收购、储运、销售以及代理农产品销售、农业生产经营信息传递、农业销售服务等中介活动而获取佣金或利润的人员。目前根据我国实行的行业准入制度要求，为规范全国各地大量存在的农产品流通领域的各种中介行为，国家劳动和社会保障部制定了农产品经纪人职业资格制度，所有在农村从事农产品经营中介活动的人员都需要经过培训取得农产品经纪人职业资格证书，持证上岗。国家劳动和社会保障部将农产品经纪人职业资格的管理行为授权给中华全国供销合作总社，由中华全国供销合作总社根据授权实施行业培训，制定行业标准以及资格证书的管理工作。

根据中华全国供销合作总社组织制定的农产品经纪人技能知识要求规定，农产品经

纪人应具备的基础专业知识技能有：市场信息采集与分析知识与技能，包括市场信息的收集和简单调查问卷的设计；建立客户与谈判定约知识与技能，包括建立客户关系，以及日常交往的语言技巧和礼节；农产品品级鉴别知识与技能，包括粮食产品、蔬菜产品、果品、花卉、畜产品、水产品等农产品的品级鉴定；农产品储运知识与技能，包括农产品仓储和农产品运输及其工具的选择知识；以及交易过程中的核算与结算知识与技能。高级农产品经纪人还应具备财务会计、经济地理、相关法律、信息技术应用等相关知识。

3. 村集体经济组织会计职业描述

村集体经济组织是在行政村范围内，在土地等基本生产资料公有制基础上，由农民自愿联合，以联产承包责任制为主要形式，以从事经济活动为主，同时兼有社区管理职能的农村基层管理单位。村集体经济组织会计是在农村集体经济组织中从事会计核算和会计管理的业务人员。根据集体经济组织的特点，村集体经济组织会计应具备的基本素质有：首先要熟悉农村财会业务，要掌握农村集体经济财务和会计业务知识，随着农业产业化的进一步深化发展，财会人员还应该了解农民专业合作社、农产品加工企业、流通企业、乡村旅游服务业等与农村集体经济相关的财会业务知识。其次，要熟悉与农村有关的政策，国家的惠农、支农政策对农村集体经济活动具有重要的影响，从事农村集体经济组织会计工作的从业人员要及时了解、掌握国家、当地政府和各部门的农村政策，并有效运用好相关的政策，为农服务。另外，村集体经济组织会计还应具有一定的组织能力，对集体经济组织的人、财、物进行合理支配，协助村集体经济组织管理者发挥资源的最优效率。

三、农村经济管理岗位分析

岗位分析，就是对每个员工所从事的工作进行的研究，也称为工作研究。岗位研究的对象可分为任务、职位和职务三个层次：任务，是对某人做某事的具体描述；职位，也就是岗位数量，确定从事某项工作的人数；职务，指一组责任相似的职位，这些职位的性质、类别完全相同，完成工作所需要的条件也一样。

岗位分析一般可通过实践调查和专家咨询的方式，了解专业毕业生就业岗位，确定本专业学生就业岗位群。从农业产业化发展的现状来看，当前农村经济管理专业的毕业生可从事在农业企业从事基层管理及农产品营销工作，获得农产品经纪人职业资格证书从事农产品经纪活动，也可以在农村合作组织中从事管理、营销或经济核算工作，以及在乡村从事村集体经济组织会计工作等，如图1–1所示。

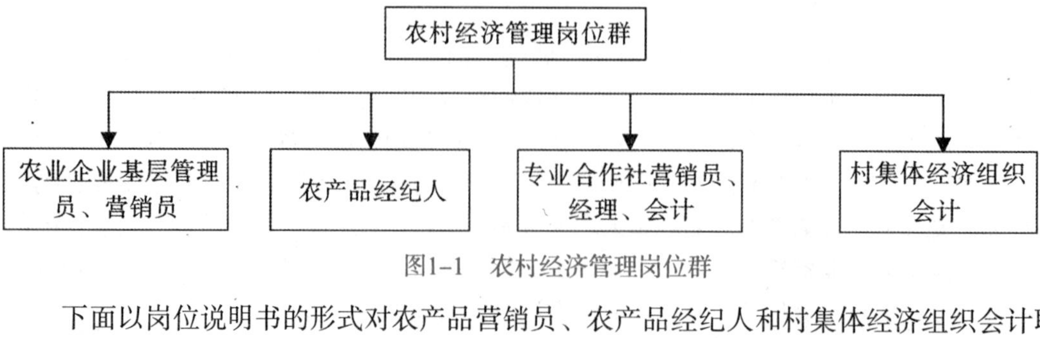

图1–1　农村经济管理岗位群

下面以岗位说明书的形式对农产品营销员、农产品经纪人和村集体经济组织会计职业进行岗位分析。

1。农产品营销员岗位分析

农产品营销员岗位说明如表1–1所示。

表1–1　农产品营销员岗位说明书

<table>
<tr><td>岗位名称</td><td>农产品营销员</td><td>岗位编号</td><td></td></tr>
<tr><td>直属上级</td><td>市场营销部部长</td><td>所属部门</td><td>营销管理部</td></tr>
<tr><td>工资级别</td><td></td><td>直接管理人数</td><td></td></tr>
<tr><td>岗位目的</td><td colspan="3">宣传产品特点，实现农产品交易的达成</td></tr>
<tr><td colspan="4">工作内容：
（1）制定个人年度营销计划。
（2）参与部门年度工作计划的制定。
（3）根据农产品特点、目标市场参与设计产品营销策略并具体实施。
（4）定期访问客户，根据客户心理恰当地介绍产品。
（5）发现、识别和正确处理客户异议。
（6）负责客户交易谈判、签约。
（7）协助实施部门制定的售后服务营销策略。
工作职责：
（1）对部门的市场营销计划的实施负责。
（2）对自我的年度营销计划的实施负责。
（3）对所负责的客户的管理计划实施负责。</td></tr>
<tr><td colspan="4">与上级的沟通方式：会议、电话</td></tr>
<tr><td colspan="4">同级沟通：口头交流、短信、电话</td></tr>
<tr><td colspan="4">岗位资格要求：
（1）教育背景：中专以上学历，通过营销员（国家职业资格五级）职业资格认证考试，获得职业资格证书。
（2）经验：有一定的岗位实践经验。</td></tr>
<tr><td colspan="4">岗位技能要求：
（1）专业知识：掌握市场营销、农产品的相关知识，熟悉农产品的特点、商业谈判流程、掌握商业合同规范知识等。
（2）能力与技能：渠道管理能力、推销产品能力、把握销售对象的能力、谈判能力、客户关系管理能力、公共关系能力、经济法律运用能力、思维敏捷、口齿清晰，具有一定的观察、判断、表达、应变及人际交往能力。</td></tr>
</table>

2. 农产品经纪人岗位分析

农产品经纪人岗位说明如表1–2所示。

表1-2　农产品经纪人岗位说明书

<table>
<tr><td>岗位名称</td><td>农产品经纪人</td><td>岗位编号</td><td>4-07-01-04</td></tr>
<tr><td>直属上级</td><td>农产品经纪人协会</td><td>所属部门</td><td></td></tr>
<tr><td>工资级别</td><td></td><td>直接管理人数</td><td></td></tr>
<tr><td>岗位目的</td><td colspan="3">沟通农产品买卖双方信息，促进农产品交易的达成</td></tr>
</table>

续表

工作内容： （1）农产品市场信息采集、分析与咨询。 （2）建立客户，与客户谈判并签订购销合同。 （3）农产品的鉴别及等级评定。 （4）农产品储藏与运输协助。 （5）交易后的核算与结算。 工作职责： （1）对农产品信息的及时性、准确性负责。 （2）对农产品的质量等级评定负责。
（3）对农产品的储藏与运输提出合理、有效的建议。 （4）对农产品交易的核算与结算方式提出合理的建议。
与上级的沟通方式：会议、电话
同级沟通：口头交流、短信、电话
岗位资格要求： （1）教育背景：中专以上学历，通过农产品经纪人职业资格考试，获得职业资格证书。 （2）经验：有一定的岗位实践经验。
岗位技能要求： （1）专业知识：具有农产品经营管理知识、农产品商品的基础知识、农产品质量鉴定、包装、储藏与运输知识、区域性经济地理知识、法律知识等。 （2）能力与技能：农产品成本核算能力、商品质量等级判断能力、网络与信息技术应用能力、谈判能力、社交公关能力等。

3. 村集体经济组织会计岗位分析

集体经济组织会计岗位说明如表1–3所示。

表1–3　村集体经济组织会计岗位说明书

岗位名称	村集体经济组织会计	岗位编号	
直属上级	乡镇政府	所属部门	村委会
工资级别		直接管理人数	
岗位目的	对村集体经济进行会计核算管理		
工作内容： （1）根据《村集体经济组织会计制度》的规定，进行会计核算，认真做好记账、算账工作，年终搞好分配决算和分配兑现工作。 （2）根据《村集体经济组织会计制度》的规定，对本单位处理会计事务的方法作出具体规定，如采用何种会计处理程序及选用何种成本计算方法等。 （3）根据《村集体经济组织会计制度》的规定，认真编制并严格执行财务计划、预算；遵守财务收支审批制度、费用开支范围和开支标准等。 （4）按照承包责任制的要求，及时与承包单位签订合同，记录和考核合同执行情况以及结算和兑现工作。 （5）如实反映经济情况，定期公布账目，及时编报各种会计、统计报表。			

续表

（6）认真进行会计检查，搞好内部会计监督，并接受外部监督和指导。 （7）定期检查分析财务计划、预算的执行情况，挖掘增收节支潜力，考核资金使用效果，指出经营管理中存在的问题，及时提出改进建议。 （8）指导承包单位搞好会计核算工作，提高业务水平。 （9）妥善保管会计凭证、账簿、报表等档案资料。 （10）遵守、宣传、维护财经纪律和财务制度，同一切违反财经纪律的行为作斗争。 （11）办理其他会计事务。 工作职责： （1）对账务的准确性、真实性负责。 （2）对村集体经济组织会计制度的执行负责。 （3）对村集体经济状况提出合理、有效的建议。
与上级的沟通方式：书面汇报、会议
同级沟通：口头交流、电话、会议
岗位资格要求 （1）教育背景：中专以上学历，通过会计从业职业资格考试，获得职业资格证书。 （2）经验：有一定的岗位实践经验。
岗位技能要求： （1）专业知识：具有会计专业知识、资产管理知识、农村经济管理知识、农村政策与法规知识等。 （2）能力与技能：集体经济会计账务处理能力、计算机应用能力、集体经济组织资产管理能力、熟悉与农村有关的政策，有良好的人际交往能力等。

四、农村经济管理职业的典型工作任务分析

典型职业工作任务分析法又称BAG（“典型工作任务”德文Beryfliche rbeit saufgaben的缩写）分析法，是通过对实际工作过程中的典型工作任务进行深入分析，获取关于特定职业的工作特点与工作要求的具体数据的过程。典型工作任务是职业行动中的具体工作领域，也称职业行动领域。它不一定是实际工作中最常见的具体任务，而是用完整的、有代表性的职业行动和反映本职工作关系描述的具体的职业工作。典型工作任务不是具体的职业工作和工作环节，它在一个复杂的职业活动中具有结构完整的工作过程，包括计划、实施以及结果评价。它描述的是一项具体的专门工作，是根据一个职业中可以传授的工作关系和典型的工作任务来确定的，具有该职业的典型意义，同时具有促进该职业领域的职业能力发展的潜力。典型工作任务反映的是整体化的工作，其内容包括工作对象、工具、工作方法、劳动组织方式和工作要求等，既包含相应的专业知识和技能，也包含一些学科性的知识。

1. 农产品营销员的典型工作任务分析

农产品营销员的典型工作任务主要有：制定农产品营销计划，制定个人年度营销计划，调研农产品市场需求，管理农产品销售渠道，推销农产品等。下面以乳制品企业营销员工作岗位的典型工作任务“乳制品推销”为例进行农产品营销员的典型工作任务分析，如表1–4所示。

表1–4　乳制品推销描述

典型工作任务名称	乳制品推销
工作任务描述	工作任务简述： 识别和开发潜在顾客，促进乳制品的销售 工作任务说明： 应对激烈的市场竞争的需要，农产品推销成为农业企业一项非常重要的工作内容，通过采用各种促销手段来开拓市场，提高市场占有率
工作过程及方法	（1）通过观察获取消费者需求信息，对潜在顾客进行分析和筛选 （2）与客户进行沟通，采用面对面交谈、免费品尝、捆绑销售和附赠品形式争取客户
对象	（1）酸奶饮料　（2）促销人员
工具	（1）促销展台　（2）宣传资料　（3）免费品尝样品及工具
劳动组织	（1）独立完成　（2）分工协作
要求	（1）掌握较全面的推销知识 （2）思维敏捷、口齿清晰，具有一定的观察、判断、表达、应变及人际交往能力

2. 农产品经纪人的典型工作任务分析

农产品经纪人的典型工作任务主要有：采集和处理农产品市场信息，鉴定农产品质量等级，建立和维护客户关系，商品交易谈判，制定农产品运输方案等。下面以果品经纪人工作岗位的典型工作任务“果品市场信息处理”为例进行农产品经济人的典型工作任务分析，如表1–5所示。

表1–5　果品市场信息处理描述

典型工作任务名称	果品市场信息处理
工作任务描述	工作任务简述： 及时了解和掌握最新的果品市场信息，并传递给有需要的生产者 工作任务说明： 在激烈的市场竞争中，及时了解和掌握农产品市场信息对农产品成功销售具有十分重要的作用，果品经纪人根据生产者需要，及时传递市场需求信息，有力地促进了农产品商品价值的实现
工作过程及方法	（1）浏览各大农产品信息网站，对有关当地水果的市场需求信息进行下载和整理 （2）对相关信息进行分析，确定其重要和有效程度 （3）将处理后的信息传递给客户
对象	（1）果品需求信息 （2）果品经纪人
工具	（1）计算机 （2）互联网

续表

典型工作任务名称	果品市场信息处理
劳动组织	（1）独立完成 （2）资源共享
要求	（1）及时掌握更新信息 （2）具有较强的信息处理和分析能力 （3）与客户的沟通能力较强

3. 村集体经济组织会计的典型工作任务分析

村集体经济组织会计的典型工作任务主要有：编制村集体经济组织财务计划，对村集体经济组织发生的收支、结算、分配等会计事项进行核算，进行村集体经济组织财务分析、村集体经济组织资产管理等。下面以村集体经济组织会计工作岗位的典型工作任务“村集体经济组织年度财务计划编制”为例进行村集体经济组织会计的典型工作任务分析，如表1–6所示。

表1–6　村集体经济组织年度财务计划编制描述

典型工作任务名称	村集体经济组织年度财务计划编制
工作任务描述	工作任务简述： 村集体经济组织年度财务计划主要包括年财务收支计划，收益与分配计划，生产经营计划，基本建设计划和固定资产购置计划等 工作任务说明： 通过编制村集体经济组织年度财务计划，有利于保证村集体经济组织管理活动的有序开展，加强村集体经济组织内部的工作协调，促进工作目标的实现
工作过程及方法	（1）计划准备阶段。包括组织准备、资料准备、确定计划期间 （2）拟定方案，提出初步计划 （3）试算平衡 （4）编制计划 （5）公示并上报
对象	（1）各类财务计划表 （2）村民小组 （3）村集体经济理财小组 （4）上级主管部门
工具	（1）计算机 （2）各类数据资料 （3）村集体经济组织的发展规划
劳动组织	（1）协作分工，共同完成 （2）资源共享
要求	（1）编制过程中采用科学合理的方法计算 （2）思路清晰，目标明确，与集体经济组织发展目标和规划相符 （3）坚持量入为出、适度发展的编制原则

五、农村经济管理专业中等职业人才职业能力分析

1. 职业能力概述

（1）职业能力的内涵

职业能力是在学习掌握专业知识和职业技能的基础上，通过对专业知识和技能的实际运用、迁移和类化，并与相关的一般能力相整合而形成的行动能力。

（2）职业能力的结构

从横向的内容结构层面，职业能力可划分为专业能力、方法能力和社会能力，如图1–2所示。专业能力是指学生在掌握专业知识和专业技能的基础上形成的专业实践能力，即运用所学专业知识和专业技能解决实际问题、完成职业工作任务的能力，这是职业能力最基本的体现，也是从事某一职业必不可少的。方法能力是指具有不断获取新信息，能随着科技的发展，不断学习、更新知识和技术的能力，如决策能力、自学能力等。由于知识技术创新和衰退的速度加快，一技之长的使用时间大大缩短，学会学习已经成为劳动者生存和发展的必要条件，因此方法能力已经成为职业能力的核心组成部分。社会能力是指一个人在工作、学习和社会生活中应具有的处理社会关系能力、交往与协调能力、竞争与合作能力、团队精神、社会责任感和抗挫折的能力等。方法能力和社会能力具有职业普遍性，不是某种职业所特有的能力，它们能在不同职业间广泛迁移，德国职业研究学者将它们称为“人格”能力。

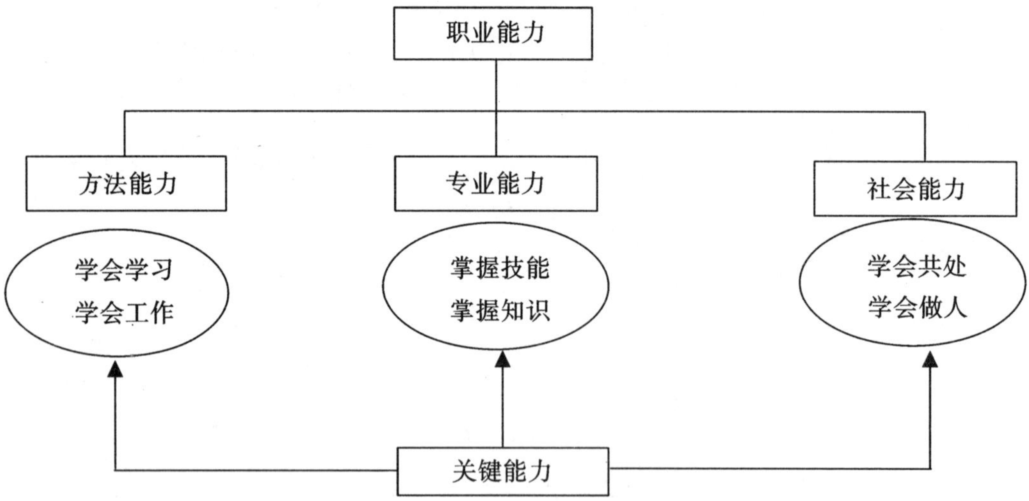

图1–2　职业能力的结构

从纵向的性质结构层面，职业能力可分为基本职业能力和综合职业能力。基本职业能力即从业能力，是劳动者从事一项职业所必须具备的能力，包括与具体职业密切相关的专业能力、方法能力和社会能力。综合职业能力又称为关键能力，是指具体的专业能力以外的能力，即与纯粹的专门的职业技能和知识无直接联系，或者说超出了职业技能和知识范畴的能力。它是方法能力和社会能力的进一步发展，它强调的是当职业发生变更，或者当劳动组织发生变化时，劳动者能够在变化了的环境中重新获得新的职业技能和知识，因

此又称为跨专业的能力。由于这种职业能力对劳动者未来的发展起着关键的作用，所以，在职业教育中该能力又被称为关键能力。

关键能力是基本职业能力的纵向延伸，包括超过了具体职业、专门职业技能与职业知识范畴的专业能力、方法能力和社会能力。关键能力层面的专业能力是指对新技术的理解力，职业的适应性，合理化建议，过程优化，质量意识，安全意识，经济意识等；关键能力层面的方法能力是指分析与综合，全局与系统思维，整体与创新思维，决策，迁移能力，信息的截取、评价和传递，目标辨识与定位，联想与创造力等；关键能力层面的社会能力是指社会责任感，群体工作的协调与仲裁，宽容，心理承受力，参与意识，自信心，成功欲，积极性，主动性，灵活性，语言及文字表达能力等。

（3）一般性职业能力需求解构

对特定职业的典型工作任务分析确定后，我们可以根据专业岗位（群）的典型工作任务，进一步分析特定职业从业人员完成典型工作任务必须具备的职业能力，确定完成职业工作任务的职业能力构成，并通过对职业能力需求的开发、设计、重构和序化，形成对职业能力需求的解构。表1–7所示为通用型的职业能力需求解构表。

表1–7　职业能力需求解构表

能力类别	能　力　列　表
专业能力	工作过程和过程方法的知识译码和解码能力、新技术的知识和能力、系统思维能力、在实践中运用理论知识的能力、跨职业的知识和外语等
方法能力	解决问题能力、综合和系统思维抽象能力、创造能力、分析和认识能力、系统工作方法的能力、学习能力、获取信息能力、决策能力等
社会能力	工作责任心和职业道德、自我批评能力、学习的决心和成就感、团队协作能力、社会交际和沟通能力、创新意识和追求目标的能力、环境适应能力等

2. 农产品营销员职业能力分析

（1）基本职业能力要求

农产品营销员的典型工作任务有制定营销计划、调查消费者需求、实施营销策略等，完成这些典型工作任务，合格的农产品营销员应具备从事农产品营销工作所必备的专业能力、方法能力和社会能力。从专业能力来看，农产品营销员应具备从事营销职业活动所需的技能和相应的知识，如营销计划的内容构成要素；了解消费者需求的类型，影响因素；所营销的农产品的产品特征、营销策略的主要构成内容等。从方法能力来看，农产品营销员应具备从事农产品营销工作所需要的工作方法和学习方法，包括营销计划制定的步骤、消费者需求调查的方法、问题的设计方法；一般的推销方法和技巧等。从社会能力来看，农产品营销员应具备从事农产品营销活动所需要的行为能力，包括基本的职业道德、人际交往能力、口头表达能力、工作过程中的相互配合能力等。

（2）综合职业能力分析

综合职业能力是在基本职业能力之上的能力，它帮助农产品营销员主动塑造和设计自己的职业生涯，对农产品营销从业者的未来职业发展起着关键的作用。综合职业能力也包括专业能力、方法能力和社会能力三个方面。从专业能力来看，农产品营销员应掌握农产品特征的发展趋势知识，如绿色食品、有机食品、转基因食品等知识、营销策略理论的新知识，网络营销、绿色营销知识，以及农产品国际营销知识等。从方法能力来看，应掌握新的消费者需求调查方法，如网络调查法，适度掌握调查数据的分析方法，新的推销方法和技能等；从社会能力来看，应具有顾全大局的观念、社会责任感和诚信观念、团队协作精神和集体参与意识、乐观向上的生活态度和工作态度等。

3. 农产品经纪人职业能力分析

（1）基本职业能力要求

农产品经纪人的典型工作任务为采集和处理农产品市场信息、鉴定农产品质量等级、商品交易谈判等。完成这些典型工作任务，合格的农产品经纪人应具备的专业能力有：具备从事经纪活动所需的技能和相应的知识，如市场经济原理知识、农产品产品特征知识、农产品质量等级知识和质量标准知识、商品交易知识、商务谈判知识等；应具备的方法能力有：掌握农产品市场信息收集、分析、判断的方法，农产品质量质量等级评价的方法、农产品价格分析方法等；应具备的社会能力主要有：日常交往的语言技巧和礼节，基本的职业道德操守等。

（2）综合职业能力分析

综合职业能力对农产品经纪人从业者职业的职业可持续性具有不可忽视的作用。从专业能力来看，农产品经济人应掌握国家产业支持政策知识、了解国家宏观政策、掌握新型农产品交易方式知识，如农产品电子商务交易知识、农产品期货交易知识、了解农产品供应链管理知识等。从方法能力来看，农产品经济人应具备一定的宏观经济政策把握能力和分析能力、掌握各种信息评价和分析方法、具体业务的决策能力等；从社会能力来看，农产品经济人应具备与生产者和批发商、零售商的深度沟通能力、矛盾协调能力，追求建立三方长期合作的伙伴关系，获得职业生涯的发展。

4. 村集体经济组织会计职业能力分析

（1）基本职业能力要求

村集体经济组织会计的典型工作任务主要有：编制村集体经济组织财务计划，对村集体经济组织发生的收支、结算、分配等会计事项进行核算，村集体经济组织财务分析，村集体经济组织资产管理等。完成这些典型工作任务，合格的村集体经济组织会计应具备的基本专业能力有：具备从事农村经济会计核算和会计管理所需的技能和相应的知识，如农产品的成本核算、土地发包的账务处理、各类支农资金的管理、村集体经济投资管理等；应具备的方法能力有：掌握基本的会计核算方法、财务计划编制方法、基本的财务分析方法等；应具备的社会能力包括良好的沟通能力，能在村里村外保持良好的人际关系；具有良好的服务心理，能处理好管理和服务的关系，获得广大村民对工作的支持。

（2）综合职业能力分析

从职业发展来看，村集体经济组织会计人员应具备较强的综合职业能力。在村一级基层管理中，很多管理工作是合并的，因此，对村会计人员来说，除了从事财务会计业务外，还要参与其他事务性工作，如参与农产品销售、物资采购、发包业务管理等，村里的许多事务也都会有财务人员参加，所以对农村的财务人员在业务上要求一专多能，要成为农村经济发展中的“能人”和“明白人”。由此，村财会人员不仅要熟悉农村财会业务知识，还应熟悉各种涉农政策法规，明晰市场经济条件下集体经济财务管理的特点，同时要具有较高的职业兴趣，积极学习，努力提高工作质量和效果，才能实现职业的可持续发展。

第三节　农村经济管理领域行业发展趋势分析

2007年的中央一号文件提出，“农业不仅具有食品保障功能，而且具有原料供给、就业增收、生态保护、观光休闲、文化传承等功能。建设现代农业，必须注重开发农业的多种功能，向农业的广度和深度进军，促进农业结构不断优化升级”。现代农业先进思想的提出，为未来农业产业化发展提供了方向，农业的多功能性将带来农村经济管理行业的拓展和农村经济管理领域职业的创新。

一、现代农业产业体系的内涵

所谓现代农业，就是指以保障农产品供给、增加农民收入、促进可持续发展为目标，以提高劳动生产率和商品率为途径，以现代科技和装备为支撑，在家庭承包经营基础上，在市场机制与政府调控的综合作用下，农工贸紧密衔接，产加销融为一体，构成多元化的产业形态和多功能的产业体系。

与传统农业不同，现代的农业产业体系是一个集食物保障、原料供给、资源开发、生态保护、经济发展、文化传承、市场服务等产业于一体的综合系统，是多层次、复合型的产业体系。现代农业产业体系可分为三个子系统：一是现代农产品产业体系。包括粮食、棉花、油料、畜牧、水产、蔬菜、水果等各个产业，以确保国家粮食安全和主要农产品供给。二是多功能产业体系。包括生态保护、休闲观光、文化传承、生物能源等密切相关的循环农业、特色产业、生物能源产业、乡村旅游业和农村二、三产业等，以充分发挥农业多种功能，增进经济社会效益。三是现代农业支撑产业体系。包括农业科技、社会化服务、农产品加工、市场流通、信息咨询等为农服务的相关产业，以提升农业现代化水平，提高农业抗风险能力、国际竞争能力、可持续发展能力。我国现代农业产业体系的发展将为农村经济管理人才的职业拓展提供了更为广阔的空间。

二、现代农业产业的发展方向

现代农业产业发展方向主要体现在以下几个方面：

1. 区域特色农业

特色农业是各地农业发展的最大优势和潜力所在。发展特色农业要立足于地方的各种优势条件，培育主导产品，优化区域布局，大力推进地区优质农产品产业带建设；要因地制宜地发展特而专、新而奇、精美的各种物质、非物质产品和产业；特别要重视发展大田种植业、特色园艺业和特种养殖业。

2. 循环农业和生态农业

生态农业和循环农业是农业可持续发展的有效途径。生态农业的中心思想是将农业建立在生态学基础上，以多种学科理论为支撑，为确保农业生产发展过程中的生态、社会与经济效益的协调而设计的综合农业生态体系。循环农业是指运用生态系统和经济活动系统的基本规律指导人类利用自然资源和环境容量，把清洁生产、资源及其废弃物综合利用、生态设计和可持续消费等融为一体，对各种资源要素进行统筹谋划，不断优化农业生产及消费过程的产业链整体结构，实现链网内物质、能量的多层次循环利用和农业生产经济活动对环境的危害或破坏最小化，实现生态的良性循环前提下农业的可持续发展。循环农业为生态农业的高级阶段，循环农业包含生态农业所表述的内容，大力发展以生态农业为基础的循环农业是今后农业发展的方向。

3. 休闲农业与乡村旅游业

我国农业自然资源和文化多姿多彩，耕地、山林、草原、湖泊、海滨、沙漠、湿地等各种地貌应有尽有，种植业、养殖业、园艺业、手工业等各种作业方式竞相呼应，传统农业、现代农业交替并存，东西南北、春夏秋冬不同季节景观各异，为发展农村旅游业创造了得天独厚的良好条件。在有利于生态环境保护和建设的前提下，有选择有步骤地发展农村旅游业，提供人们观光休闲的最佳去处，以丰富生活情趣、调节生活节奏、改善生活质量，同时拓宽农村产业发展领域，促进农民就业和增收。近些年来，一些地方蓬勃兴起的“农家乐”等形式的观光休闲游深受人们欢迎，就是很有说服力的证明。2009年，我国已成立了中国旅游协会休闲农业和乡村旅游分会。

4. 现代农业的支撑产业

现代农业的产业体系与服务体系和保障体系是相互依存的，没有现代农业服务体系、保障体系提供的服务和保障，现代农业产业体系将无法独立生存和发展。现代农业服务体系主要表现在以下方面。一是发展信息服务业。向农产品生产经营者提供及时准确的相关信息，并通过订单农业等方式将市场信息变成购销合同，确保农产品产销能够顺利进行，避免或减少市场风险。二是发展生产服务业。提供农业生产过程中的社会化服务，努力在良种、耕播、灌溉、除草、植保、收获、销售等环节做到几个统一，形成区域农业规模经营，为发展农产品加工业提供优质专用、批量较大、供给稳定的农产品原料。三是发展流通服务业。培育多元化、多层次的市场流通主体，构建开放统一、竞争有序的市场体系，大力发展农村连锁经营、电子商务等现代流通方式，切实改善涉农商品流通环境。四是发展质检服务业。从农业投入品生产环境等源头抓起，在农产品加工、贮存、保障、运输、销售等环节进行严格监测检验，建立质量可追溯制度，从而形成一套完整的规范的监测检验服务体系，确保农产品及其加工品质量符合相应标准。五是发展培训服务业。发展中、高等农业职业教育，注重从农村青年人中培养现代新型农民，使他们逐步成为发展现代农业的中坚力量。

三、农村经济管理职业发展新趋势

农业产业化进程的继续推进和现代农业产业的发展将带来新的分工和农村经济管理职业的细分，过去农村经济管理岗位较单一的集中在会计、统计核算岗位的局面将被打破，新的农村经济管理岗位群将呈现多元化发展的趋势。除了目前的农产品经纪人职业、农业企业营销员岗位、乡村集体经济会计核算岗位等，新型职业化农民的形成、新型产前、产中、产后农民专业合作组织的成长将带来农村经济管理岗位的拓展和发展。

1. 职业化的现代农户

与现代种植业、养殖业生产相结合的，从事等规模经营形成新型现代农业生产经营职业化农民，职业化的农民将带来经营模式的创新。安全种植、生态养殖、规模经营、设施农业、循环农业等将成为职业化种养农户新的经营模式；农业的多功能性将带来农户的细分，有一部分农户从种养业中脱离出来，依托地方自然资源和区位优势经营休闲农业和乡村旅游业，形成新的细分职业，如图1–3所示。

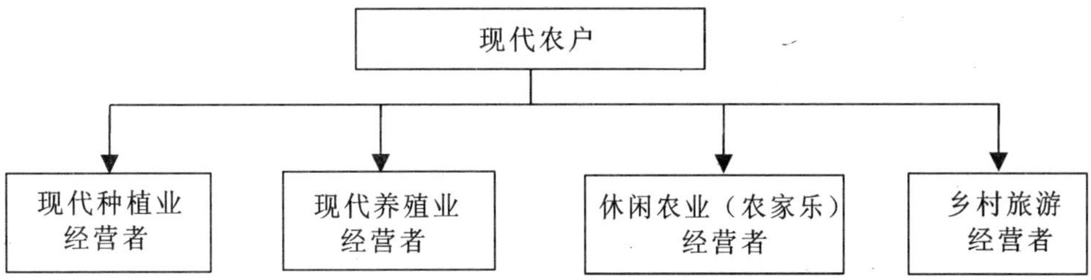

图1–3　职业化农户岗位群

2. 农民专业合作社经营管理者

未来农民专业合作社将是现代农业生产发展重要的组织载体。《中华人民共和国农民专业合作社法》第四章规定，农民专业合作社通常可以有以下机构：成员大会、成员代表大会、理事长或者理事会、执行监事或者监事会、经理等。同时有规定“为了方便合作社的经营，提高合作社的效益，农民专业合作社可以聘任经理和财务会计人员，负责具体的经营事务和财务会计工作”，因此，经理和合作社财务管理人员是合作社内部管理的基本岗位。另外，以产品为纽带连接的农民专业合作社在农产品标准化生产、产品质量安全控制、产品营销方面发挥重要的组织作用，可根据其发展情况设立产品营销员、质量监管员等岗位，如图1–4所示。

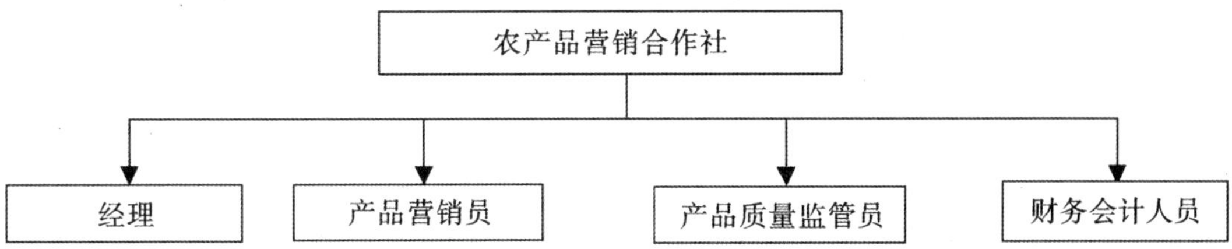

图1–4　农产品营销合作社岗位群

3. 其他类型的农村经济管理岗位

农村经济管理人才不仅仅局限于在农业领域，也包括为农村经济发展服务的各类经济管理人才。未来，现代农业产业发展将使更多的人从农业生产中分离出来，但为农业服务的人员不断增加，如良种、农机、饲料、农药、供、销、贮存、加工、运输、信贷、信息等，农业产业链条将不断延伸，向产前、产后纵深发展。因此，职业教育为农业、农村服务的领域越来越宽广，各类为农村经济发展服务的新型人才需求将凸显，如农村信贷、农村保险、农产品出口认证、国际营销等，农村经济管理的职业领域也将获得更大的发展天地。

参考文献

[1] 陈蕾，李金明，谷荣. 高职教育教学模式的构建[J]. 职业技术教育，2007（35）.
[2] 潘绍来. 试论职业分析与高等职业教育[J]. 武汉冶金管理干部学院学报，1999（2）.
[3] 杨广晖. 农村现代化的需求：与教育的关系探究[J]. 农业与技术，2006（8）.
[4] 钱长根. 论农业职业教育与农业产业化[J]. 教育与职业，2001（5）.
[5] 王冬梅，黄荣. 浅析农村职业教育的困境与出路[J]. 农业考古，2006（6）.
[6] 李炳坤. 加快构筑现代农业产业体系[J]. 农业经济问题，2007（12）.
[7] 宋洪远. 农村改革三十年[M]. 北京：中国农业出版社，2009.
[8] 姜大源. 当代德国职业教育主流教学思想研究[M]. 北京：清华大学出版社，2007.
[9] 严中华. 职业教育课程开发与实施——基于工作过程系统化的职教课程开发与实施[M]. 北京：清华大学出版社，2009.
[10] 中华全国供销合作总社职业技能鉴定指导中心. 农产品经纪人初级技能知识[M]. 北京：中国财政经济出版社，2005.
[11] 农业部农民科技教育培训中心/中央农业广播电视学校. 农家乐经营管理[M]. 北京：中国农业出版社，2008.
[12] 崔平. 市场营销专业职业分析与职业能力研究[J]. 中国电力教育，2009（2）.
[13] 徐涵. 论职业教育的本质属性[J]. 职业技术教育（理论版）. 2007（1）.
[14] 商务部流通产业促进中心. 中国农产品流通发展报告（上）[J]. 中国流通经济，2009（1）.
[15] 中华会计函授学校. 村集体经济组织财务管理[M]. 北京：中国财政经济出版社，2009.

第二章　农村经济管理专业分析

第一节　农村经济管理专业技术特点

一、研究农村经济管理专业技术发展的必要性

农村经济管理专业是适应国民经济建设和复合型人才培养需要而设置的大类专业，但由于缺乏对该专业技术发展的必要了解和研究，使多数学校在农村经济管理专业建设上缺乏理念，没有构建合理的课程体系和人才培养方式，使专业发展和专业教学方法相对滞后。因此，我们认为研究农村经济管理专业技术发展是十分必要的，具体表现在以下几个方面：

1. 有利于明确该专业人才培养目标

长期以来由于忽视农村经济管理专业技术发展的研究，使我国在该专业人才培养目标方面缺乏明确的定位，不能适应其专业技术发展的需要。例如，我国重点高等院校培养的农村经济管理专业人才比较侧重于理论知识，实践能力有所欠缺，但他们的优点是基础扎实、专业涉及面广，经过一段时间的锻炼后，能体现出比较好的工作效果。高职类院校的学生在专业的某一方面拥有较强的实践能力，特点是上手快，初期工作效率较高，但由于理论知识的局限性，不具有很强的创新能力，长期发展前景不够好。许多一般本科院校为了体现向高水平大学发展的趋势，在农业经济管理专业的课程设置、专业培养方案等方面都逐步向重点大学靠拢，忽视了学生的专业能力和实践能力的培养，虽体现了初级水平的“多能”，却没有体现出有明显优势的“一专”。因此，根据该专业技术朝向开放式、多样化、实用性发展的需要，根据不同层次人才培养的需要，确立专一化战略的人才培养目标势在必行。作为中等职业教育层次只有从课程建设与评价制度改革入手，培养出具有基本理论知识和很强实践操作能力并能熟练处理农村基层经济管理事务的“专一化”人才，才符合其人才培养目标，并体现其学校发展优势。

2. 有利于加强该专业核心课程建设

课程建设是学校教学的基本建设，是提高教学质量的中心环节。搞好课程建设是深入开展教育教学改革的需要，是提高教学质量的根本保证。根据学校的办学条件和社会需求确定专业方向定位、人才培养方案和模式，提出学生应该掌握的知识结构和必须具备的

能力结构，构建课程体系和组织教学内容，制定教学计划并付诸实践，才能形成自己的专业特色。为了让学生能更好地掌握农村经济管理专业的核心知识，一般来说，可以按照以本专业技术发展现状和其对知识结构的要求，划分3个层次来定位，即基础知识层、管理理论知识层和系统应用层，这3个层次应贯穿于中等职业教育阶段甚至工作中。“基础知识层”的课程确保加强基础知识的学习，重点培养学生数学分析能力、外语能力、应用计算机和实践能力，主要课程包括高等数学、专业英语、计算机基础等。虽然这一层次的课程跟专业关系不紧密，但这一阶段主要是打好专业应用的基础，让学生增进对本专业的了解。鼓励学生在低年级就提前参与、参观、认识、实习等。另外，通过适当开展实地调查等环节，让学生对专业有初步了解，使学生能比较牢固地掌握基础知识。每个学生都应对基础课程给予同样的重视，本专业对每个学生的要求也都是一样的。“管理理论知识层”阶段，课程涉及实用管理学基础、初级经济学、农村财政与金融、农村市场营销、农村发展战略、农村经济管理等众多知识领域。在这一阶段的教学过程中，我们应有意识地向学生讲解各门课程在整个农村经济管理系统中的作用，让学生把所学的课程融汇贯通，使学生加深对专业的理解。在这个层次，对每个学生的要求开始有所不同，学生可根据自己对专业的认识、兴趣爱好、以后的发展方向等按照我们差异化专业设置提出的3个发展方向而有所侧重，不必平均分配精力。“系统应用层”阶段，课程设置的本身就是给学生讲授管理知识的应用，在前两个层次以及学生在学好其他课程的基础上，强化学习某一专业领域知识，加上相应的实验、短期课程设计和综合实验等环节，专业理念将在学生心目中根深蒂固。

3. 有利于采用对应的切实有效的教学方法

通过研究和了解农村经济管理专业技术的发展过程，可以充分认识到教学法的改进对该专业中等职业教育学生综合能力的培养至关重要，由于该专业基础性、应用性和开放性技术的发展趋势，要培养适应农村经济发展的经济管理人才就应在教学方法上不断改进，并开设大量的实验、设计、实训、实习等实践教学课程。以差异化专业设置方向为主线，以突出学生的应用能力为重点，组织师生深入开展校外实践，遵循技能与能力训练培养的教学规律，按照系统性、层次性与循序渐进的教学原则，构建由基本技能、专项能力、综合能力和应用能力多阶段培养，并与理论教学体系有机结合同时又保持相对独立的实践教学体系。实验教学采用半开放模式，探索符合学生认知规律的实验教学方法，调动学生积极性和主动性；开设以特色专业课为主的综合性课程设计，对提高学生实践能力具有重要作用。具体教学法的设计上可考虑采用理论教学和行动导向教学相结合，讲授法教学和案例教学相结合，项目教学与岗位培训教学相结合等多种教学手段。

二、农村经济管理专业技术发展历程

1. 发展历程概述

农村经济管理专业技术的发展始终以农业经济管理科学的发展为基础和前提，如果从农业经济科学和农业企业管理科学的发展算起，我国的农村经济管理科学产生于20世纪中期，经过半个多世纪的探索，尤其是20世纪80年代初期农村改革以来的探索，这门科学逐渐成熟起来，从当前的体系来看，其来源主要有三个方面：一是对我国农业经济宏观、微观两个层次运行规律的总结，这个内容在各门课程中都大量存在，问题是，无论是教材还是教案和教学法都表现为总结得较为浅显和不够全面，尤其是对当前农业经济运行的状况把握不够，当然，这与编写教材或授课教师的专业素养有关，但总的来说，这个方面的欠缺较大，从而使这门科学表现得相当不成熟。相应的这一阶段农村经济管理专业技术以对农业经济宏观运行的规律和基层农业经济微观管理进行理论阐释和规范分析为主，多采用苏联模式。二是对西方经济学有关内容的引进以及在此基础上对原来苏联模式的修改，这部分内容后来构成了我国农村经济管理学科体系的基础。相应的农村经济管理专业技术融入大量实证分析的内容，特别对基层农村经济组织的管理和研究采用了大量的诸如实地考察、调研、技术分析、实验等多种技术方法，但在这方面存在的最突出的问题主要是对西方经济理论的消化不够，食洋不化，形成板块结构，尤其是在研究方法的借鉴上，数学模型泛滥，与中国实际结合不够。因此，如何将西方经济理论与中国实际情况相结合，采用多种技术手段揭示和解决农村经济管理中存在的问题是农村经济管理专业技术发展的方向。

2. 发展大事记

① 20世纪中期，我国农业经济科学和农业企业管理科学逐渐发展起来，促成了我国农业经济管理专业技术的形成。

② 20世纪80年代初期农村改革，使农业经济管理科学逐渐成熟起来，促成了农村经济管理技术的发展。

③ 在20 世纪高度发展的科学技术体系中，对农业经济管理专业技术的未来产生重大影响的还有在50年代凸现、80年代大发展和90年代形成高潮的计算机和信息技术，它开创了人类社会的信息化时代，对农业经济管理以及各个传统产业和学科产生着越来越广泛和深刻的影响。

④ 入世与农业国际化发展，促使农业经济管理专业技术中国际贸易理论与实务方法的发展。

⑤ 21世纪，生物技术和信息技术的革命性进展使农村经济管理专业技术的基本特点发生根本性变化。由于受到自然风险和经济风险的双重影响，弱质性至今仍然是我们描述农业特点的最常用词汇。科学家预言，生物技术和信息技术的多边突破将会在21 世纪30年代前后产生一次新的农业科技革命，并将在现代农业科学的根基上重新构建农业科学大厦。因此，构建新的农村经济管理专业技术体系必将成为21世纪前半叶的重要任务。

三、农村经济管理新技术和发展趋势

随着农村经济管理科学的发展，农村经济管理专业技术也在不断地演进和发展，出现了新的技术和趋势，同时农村经济管理专业对人才培养的知识结构和相应的教学方法也将发生相应的变化，具体表现在：

① 不断与发达国家的涉农经济管理专业接轨，吸收国外的先进经验，不但在课程体系上会有根本性的创新，还要对传统学科的内容和体系进行较大的改造。在这里创新和改造的目标是国际化和实用化，当然也存在着西方经济理论、研究方法和国外经验的中国化问题，使其更加符合中国农村经济发展和农业现代化的需要。

② 更加注重对农业技术创新的经济分析，注重对新技术选用的经济效益分析，推动农业现代化过程中技术的先进性、生产的可行性和经济的效益性三者的有机结合，而不是盲目追求先进，同时在各个学科中尽可能地融入新的农业科技革命所带来变化的内容。

③ 农业国际贸易发展的进程不断加快，增加外贸课程，培养学生对外贸易工作的实际操作能力。

④ 更加注重对微观农业经济管理问题研究能力的培养，力求从小见大，从一个具体的微观问题的角度探测宏观政策应该或可能发生的变动，从而使学生能够满足从中央到地方各级政府决策部门的要求。

⑤ 各种专业技术相互渗透、有机结合，从不同视角诠释和解决越来越复杂的农村经济管理问题，这也要求必须采用新的教学法，使之更加注重对综合性全面性人才的培养，现代农村经济管理科学的发展在上世纪后期就已经出现了综合化现象，本世纪这一趋势将更加明显，为了适应农村经济管理科学发展的这一大趋势，除了培养学生的实际操作能力外，还要特别培养学生的抽象思维和综合运用所学知识解决问题的能力。

第二节　农村经济管理专业发展现状分析

一、中等职业学校农村经济管理专业发展成就

农村经济管理专业随着农村经济管理体制改革的不断深入得到了长足发展，已成长为中等职业学校，特别是中等农业职业学校的主干专业。具体表现在：

1. 职业覆盖率提高

由于受农村经济体制改革所创造的职业岗位对从业人员需求的刺激和学校自身拓展服务面、扩大办学规模的拉动等因素影响，促使了农村经济管理专业群体迅速扩展，基本上覆盖了农村部门经济管理、财经管理、行政事业管理、经贸管理、综合管理等五类职业的所有岗位。

2. 专业培养体系进一步完善

近几年来中央坚持“科技、教育兴农”发展战略，我国农业经济管理专业形成了一个比较完整的培养体系，高等农业院校农村经济管理专业主要侧重于高层次人才管理和研究型人才的培养，中职学校则是侧重于农村经济发展一线的应用型人才的培养，而且中职教育培养周期短，课程调整灵活，从而能更好地满足现代农业发展对农村经管人才的需求。

3. 开始重视实践环节能力的培养

许多学校的农村经济管理专业都越来越重视学生职业能力的培养，比如黑龙江农业经济职业学院农业经济管理专业立足于服务“三农”、服务社会主义新农村建设，实行“行校结合”、“校企合作”、“工学交替”的人才培养模式，与省内农村、农业企业密切合作，创造性地开展教学实训活动，为本省农村经济管理战线培养了大批经济管理专业人才。

4. 课程设置进一步适用和规范

为适应现代农业经济发展的需要，本专业不断完善、修改和新增专业核心课程以满足人才培养的需要。如一些学校相继开设了“农业企业经营与管理”、“农村财税与金

融”、“农产品市场营销”等富有专业特色的课程。

二、中等职业学校农村经济管理专业发展中存在的问题

1. 中职农村经济管理专业生源数量下滑、基础素质下降

1999年以来，高校扩招人数逐年增加，增幅达30%以上，普高持续升温，中职校与普高招生严重失调。这在一定程度上给中职学校招生带来了较大冲击，特别是对农业中专学校的冲击更大，加上部分人对农业有偏见，报考和录取的农校新生急剧减小，因此农村经济管理专业类的生源也出现规模萎缩的趋势。在这种情况下，学校在生源入口上没有选择余地，致使生源整体素质降低，给教学和管理体制上带来诸多新的困难。

2. 中职农村经济管理专业教学一直沿袭的学科型教育体系与应用型职业人才培养的要求不相符

一是中职农村经济管理专业一般都设置十五门以上核心专业课程，每门课都过分强调本学科的系统性、完整性，课与课之间在知识内容方面相互重复，技能训练方面相互推诿，体现不出职业教育特色。二是在传授知识时，以理论教学为主，实践性教学环节不多，缺乏操作能力训练，操作技能得不到强化，学生难以形成熟练的操作本领和过硬的从业能力。三是由于条件的限制，教学内容和教育技术得不到及时更新，难以适应农村经济环境变化、管理模式改革和技术进步的需要。四是采用学年制教学，缺乏选课机制，没有时间弹性，影响学生个性发展和学习兴趣以及参与社会实践的积极性，不利于创业型人才的培养。以上这些弊端都显示出学科型教学体系在中职农村经济管理专业教学中的统治地位，尽管部分学校已开始进行农村经济管理专业的能力教育体系教学实验，但是这种统治地位的局面仍没有改变。

3. 师资队伍状况制约了中职农村经济管理专业规模的扩大

专职教师数量不足、负担过重、教学经验和专业实践经验欠缺、职称结构偏低。另外，“双师型”教师、具有硕士学位的教师、各校从实际业务部门或岗位聘请的兼职教师等数量也远远不能满足专业规模扩大和职业教育的新要求。

第三节 农村经济管理专业发展趋势分析

随着农村经济的发展和农业产业结构的调整，对农村各种经营管理人才的需求量越来越大，主要包括农村经营人才、农村经纪人、农民专业合作组织带头人等。因此，根据农村经济管理专业发展现状和未来农村经济发展趋势和农业产业结构调整方向对人才的要求，本专业呈现出如下发展趋势：

一、依据职业教育发展需要调整人才培养目标与课程教学体系

进入21世纪，我国农业发展的总体目标调整为优化结构，提高质量，积极推进农业科技化、产业化与市场化，全面实现农业现代化，走可持续发展之路。而据有关专家预测，我国要完成新农村建设所需的时间大约是50年，在这个长期的战略中必将伴随着传统

农业向现代农业的转变。新农村建设背景下的现代农业与农村改造将为中职农经管理专业提供广阔的发展空间，同时也对农村经管人才的能力要求日益提高。这就要求中职农经管理专业更应坚定其专业发展定位，主动服务“三农”，并根据这种主体趋势和战略，将人才培养目标调整为培养既掌握本位农业（即广义农业）的经济管理知识和技能，又掌握与本位农业紧密相关的工商经济与管理、财政与金融、资源与环境保护等多方面知识和技能，并具有强烈的市场意识、危机意识、创新精神与敬业精神，以及较强的职业迁移能力的农村经管人才。同时，考虑现代农业对农村经管人才的需求主要分为三类，这就要求中职农经管理专业要培养出满足现代农业发展实际需要的农村经管人才，进一步完善专业课程设置，建立起系统、简练、实用的课程教学体系，并采用分类、有重点的人才培养模式，将学生教育成一专多能、懂经营、会管理的新型农村经管人才。同时，在调整人才培养目标与专业课程教学体系过程中，尽快改变传统的教育思想，树立教书育人观念。不仅在专业教学计划的设计上为学生认同企业价值观、了解企业人才需求特点留下足够的空间，而且在教学内容上除给学生传授书本知识外，更应通过系列化的社会实践活动和丰富多彩的第二课堂、第三课程活动在学生的心灵深处打上职业精神的烙印，促使学生培养职业素质，从而真正实现《中华人民共和国职业教育法》中所规定的“实施职业教育和职业道德教育，传授职业知识，培养职业技能，进行职业指导，全面提高受教育者的素质”。

二、转变单一的教学方式，重视实验基地建设

中职农经管理专业培养的是能立即投入实际工作中的应用型人才，只有理论和实践真正得到良好的结合，才能确保该专业真正成为带动一方经济的主力军，促进现代农业与农村经济更快、更好发展。因此，中职农经管理专业一个重要的发展趋势就是尽快转变过去单一的教学方式，进一步建设好自己的实验基地，加强实践教学环节。为此，一是在专业理论学习上，应实行“分类培养、分级教学、梯度推进”的教学计划，根据现代农业所需的三类农村经管人才，分别制定不同的教学计划，实施不同内容的分级教学，以增强教学的针对性。同时，在教学实际操作过程中，还应以提纲挈领解决基本问题为教学重点，从整体上压缩课堂教学时间，以便将大量时间留给学生课后自学和参加实践教学活动；二是积极开展产学研合作，加强现代农业教学实践基地建设，为本专业的在校生以及广大在职人员培训提供良好的教学实习场所，提高教师、学生与在职人员的实践技能，加深对现代农业的理解，帮助其尽快树立市场意识。其中，开展产学研合作的形式可根据实际情况有选择性地采取校企合作模式、校政（政府）共建模式、村校产业开发模式、人才培养和项目培训结合模式、信息咨询服务模式、合作研究模式。

三、完善人才培养激励机制，建设“双师型”专业师资队伍

师资队伍是开展教育与培训的核心资源，是教学的主导与关键。师资队伍素质的高与低，直接关系到专业建设的质量和学生培养的素质。因此，中职农经管理专业第三个发展趋势是尽快转变传统观念，树立起人才培养的科学发展观，实行“走出去、引进来”策略，广泛吸引和鼓励农业企业和农村基层组织的优秀经管人才到学校进行授课或作报告，可通过设立岗位津贴、科研津贴等方式向“双师型”教师倾斜，鼓励和支持教师走出校门，积极投入农村经营管理单位进行专业实践、挂职锻炼和现场考察，以提高教师尤其是

中青年教师自身的实践经验和业务能力，最终壮大师资力量，提高师资队伍的整体素质；其次，深化人事制度改革，打破教师职称终身制，实行聘任上岗、课程招标与综合评定，根据实际情况可实行高职低聘、低职高聘、视情缓聘和有职不聘。同时，可从教职工基本工资中拿出部分比例作为浮动奖励，实行多劳多得、优劳优酬，改变待遇跟着职务与职称走的传统分配模式，构建一种“职务能上能下、人员能进能出、待遇能高能低”的“以人为本”的人才机制，增强竞争危机意识，提高师资队伍的积极性；第三，根据中职农经管理专业的特点，加大专业师资培训课程内容的改造力度，突出教师对农村经济理论的全局把握与实践分析能力的培养。如本课题组在编写中职农经管理专业师资培训教材时，不仅增加了“专业教学法”与“农村经济管理案例集”的编写，而且在编写体系上打破了传统培训教材体系的束缚，以提高培训对象对农村经营管理全局把握与实际运用能力为主线，从上岗培训、提高培训、骨干培训三个层次，由浅入深进行编排。

参考文献

[1] 李明贤，黄文清．农村经营管理人才培养及供给机制的完善——基于现代农业需求视角[J]．湖南农业大学学报（社会科学版），2009（8）．

[2] 教育部职业教育与成人教育司，教育部职业技术教育中心研究所．中等职业学校农村经济管理专业教学指导方案[M]．北京：高等教育出版社，2001．

[3] 黎东升，苏亚琴．论农村经济可持续发展目标约束下的农林经济管理专业教学改革[J]．中国农业教育，2002（9）．

[4] 李俊英．培养新农村建设村级经济管理者教学改革研究——经济管理（农村经济管理）专业教学改革研究[M]．北京：北京高等职业教育教学实践与研究（2005—2007），2008．

[5] 刘孝义．社会主义新农村建设的关键是要重视农业教育培训[J]．中国西部科技，2006（7）．

[6] 冯明侠，李录堂．简述农村经营管理人才[J]．安徽农业科学，2006（13）．

第三章　农村经济管理专业的教学内容和教材分析

第一节　农村经济管理专业课程的目标

一、农村经济管理专业的人才培养目标

从农村经济发展和现代农业产业发展对人才的需要出发，中等职业教育农村经济管理专业的人才培养目标设定为：培养适应社会主义新农村建设及社会主义市场经济发展需要，热爱农业、农民、农村，掌握本专业所需要的文化基础知识、专业技术知识和操作技能；具备良好的综合素质和较高的管理能力，在农村经济发展第一线的有知识、懂技术、能经营、善管理的中等管理专业人才。

因此，农村经济管理专业课程应围绕专业培养目标来组织教学，以当地农村经济发展的需要为出发点，打破以学科为本位的教学模式，逐步树立以能力为本位的教育观念，围绕当地农村经济发展的需要有选择性地开设课程，注重课程与教学内容的科学性、先进性、针对性、实用性和灵活性，在传授给学生以先进知识和实用技能的同时，培养学生的综合适应能力、自我学习能力、自主选择能力，以提高其为社会主义新农村建设服务的本领。

二、农村经济管理专业课程的教学目标

1. 农村经济管理专业课程设置

农村经济管理专业课程主要包括公共基础课、专业基础课、专业课。公共基础课程主要有："三个代表"重要思想、应用文写作、计算机应用基础、道德与法律等；专业基础课程主要有：经济学基础、农村经济管理概论、农产品营销等；专业课程主要有：农村经济、农村企业经营管理、会计核算、统计核算、农村财税与金融、农村政策与法规、农村审计、生态种植技术和养殖技术等。

2. 农村经济管理专业课程教学的总目标

教学目标是课堂教学活动的预期结果或标准，也就是教学活动后学生行为和特征的预期变化。这些变化包括知识与技能、过程与方法、情感态度与价值观等方面的变化，具

有可观测性。教学目标是课堂教学的核心和灵魂，是课堂教学的根本出发点及归宿，它具有导向、调控、激励、评价等诸多功能，规限着课堂教学的运作。

（1）知识教学目标

① 了解马克思列宁主义、毛泽东思想、邓小平理论和科学发展观的基本原理，掌握中国共产党的各项基本知识。

② 理解公民道德规范和有关社会主义新农村建设的法规、政策。

③ 掌握基本的文化基础知识、现代信息技术基础知识。

④ 掌握农业生产所必需的基本知识。

⑤ 掌握新农村建设所必需的有关知识。如新民居建设、农业生态建设、节能环保以及种植业、养殖业和农产品营销方面的基础知识。

⑥ 掌握农村基层组织、中介组织、乡镇企业、农业经济组织的行政管理及经营核算等方面的基本知识。

（2）能力培养目标

① 具有一定的文字表达和写作能力。

② 具有农村经济数据的统计、核算能力。

③ 具有计算机基本操作、信息获取和分析加工与应用的能力。

④ 初步具有调查研究、总结推广先进经验、排解经济纠纷和处理违规事件的能力。

⑤ 具有职能管理、经营指导、公共关系和农产品营销的能力。

⑥ 具有社会交往、合作共事、公平竞争和创新、创业的能力。

三、农村经济管理专业核心课程的教学目标

1. 农村经济课程教学目标

本课程的教学目标是：使学生掌握必备的农村经济的基本知识，初步形成运用经济学知识解决农村实际问题的能力，更好地管理与发展农村经济，提高理论依据与管理方法。

（1）知识教学目标

① 掌握农村经济的基本理论、运行规则和管理方法。

② 了解农村经济的内容、结构、模式和体制。

③ 掌握农村资源开发与应用的基本原理。

④ 掌握农村生产、交换、分配与消费理论。

⑤ 了解农村经济可持续发展的运行机制和基本途径。

⑥ 了解农村经济的基本发展趋势。

（2）能力培养目标

① 能运用经济学的基础知识和基本理论解释农村经济现象，正确理解、阐释党和国家的经济政策、重大经济决策与农村经济政策。

② 能以经济实证的方法，分析、研究和解决农村各类经济组织中存在的经济问题。

③ 具有针对农村经济发展需要，提出微观经济工作方案的能力。

④ 具有及时更新、运用专业知识和技能的能力。

2. 统计核算课程教学目标

本课程的教学目标是：使学生具有良好的职业道德，掌握统计核算的基本知识和基本技能，具有统计调查、统计整理和统计分析的能力。

（1）知识教学目标

① 了解统计的基本概念和基础知识。

② 掌握农村统计的基本指标和指标体系。

③ 掌握统计调查、整理等基本知识。

④ 掌握统计分析的基本理论和方法。

（2）能力培养目标

① 能够正确编制统计调查方案，并组织统计调查。

② 能够进行统计整理和统计分析。

③ 能够熟练地编制常用的统计图表。

④ 初步了解统计常用软件和计算工具使用技术。

⑤ 能够较熟练地进行专业统计和统计分析，并能结合专业统计内容写出统计分析报告。

3. 会计核算课程教学目标

本课程的教学目标是：使学生具有良好的会计职业道德，掌握会计核算的基本知识和基本技能，初步形成从事基层经济组织会计工作，解决会计核算实际问题的能力和自学能力。

（1）知识教学目标

① 掌握会计核算的基本知识和核算方法。

② 理解资产、负债、所有者权益、收入、费用、利润核算的基本理论，掌握账务处理方法。

③ 掌握填制会计报表的基本理论、方法。

（2）能力培养目标

① 能熟练运用会计核算的7种专门方法。

② 能对日常发生的经济业务进行账务处理。

③ 能建账、记账、算账、填制简单会计报表等。

4. 农村政策与法规课程教学目标

本课程的教学目标是：使学生掌握必备的农村政策与法规的基本知识，初步形成运用政策与法规解决实际管理问题的能力，增强学生的法律意识。

（1）知识教学目标

① 了解农村政策与法规的基本概念，理解其在农村经济发展中的意义。

② 掌握主要农村政策的基本知识和主要法规的具体规定。

③ 理解主要农村政策、法规的制定与实施方法，以及违反农村法规的法律责任。

（2）能力培养目标

① 具备知法、懂法、自觉守法的基本素质。

② 具备运用农村政策与法规正确分析和解决实际工作问题的基本能力。

③ 具备自觉和熟练地运用法律武器保障农村、农业、农民权益的基本能力。

5. 农村企业经营管理课程教学目标

本课程的教学目标是：使学生理解农村企业创办、运营、管理的基本理论、基本知识和基本方法，掌握现代经营观念、管理思维和管理方法，初步具有创办和运营小型农村企业的能力。

（1）知识教学目标

① 理解农村企业经营管理的基本概念。

② 理解农村企业经营管理的基本理论。

③ 掌握农村企业经营管理的基本方法。

（2）能力培养目标

① 能制定经营计划与实施方案。

② 初步具有制定生产经营方案和对生产经营方案进行评价、选用的能力。

③ 具有对企业经营要素进行合理组织与管理的能力。

④ 具有协调、沟通、正确处理人际关系的能力。

⑤ 能对企业生产经营过程进行科学监控。

⑥ 初步具有创办和运营小型农村企业的能力。

6. 农产品营销课程教学目标

本课程的教学目标是：使学生掌握农产品营销的基本知识和基本技能，初步形成解决实际营销问题的能力。

（1）知识教学目标

① 了解农产品营销的基本概念、基本原理和基本知识。

② 理解农产品营销的基本内容、特点及工作要求。

③ 掌握农产品营销的基本方法和技巧。

（2）能力培养目标

① 具有组织和开展市场调研活动的能力。

② 能应用基本原理对市场进行分析和细分。

③ 掌握农产品促销和市场中介等技能。

④ 具有市场开发、农产品储运及营销合同纠纷处理的能力。

⑤ 具有组织农产品货源的能力。

7. 农村财税与金融课程教学目标

本课程的教学目标是：使学生掌握现代农村经济管理中有关财政、税收、金融的基本知识和基本技能，具备一定的解决实际问题的能力，培养学生辩证思维能力和全局观念，增强职业道德和法制观念。

（1）知识教学目标

① 掌握财税与金融的概念、特征和作用。

② 理解财税与金融工作的基本理论、主要内容和管理体系。

③ 掌握有关财税和金融管理工作的程序，及税费、利息的计算方法

（2）能力培养目标

① 初步具有微观财政控制能力。

② 具有一定的依法计税能力。

③ 具有一定的信用工具运用和资金筹措能力。

④ 具有投保索赔能力。

⑤ 具有自学经济资料和正确理解国家财政政策、货币政策的能力。

8. 农村审计课程教学目标

本课程的教学目标是：使学生具备从事农村经济管理工作必备的审计基本知识和基本技能，初步具有处理农村审计业务的能力。

（1）知识教学目标

① 掌握审计中的基本概念、基本知识和基本方法。

② 了解农村会计要素的审计方法。

③ 了解农村经济案件的立案、审查及处理方法。

④ 掌握农民负担和农业承包合同的审计。

⑤ 了解农村干部离职的审计。

（2）能力培养目标

① 能编制审计计划、审计方案和按照审计程序组织审计工作。

② 能熟练收集、整理和鉴定审计证据。

③ 具有编辑审计工作底稿的能力。

④ 具有评审内部控制制度的能力。

⑤ 具有审查农村经济业务的能力；初步具有审查农村经济案件与处理农村经济问题的能力。

第二节　农村经济管理专业教学内容与分析

一、农村经济管理专业教学内容

农村经济管理专业主要培养在农村基层工作的有知识、懂技术、能经营、善管理的高素质中初级经营管理人员。因此，在教学课程的设置和教学内容的确定上应紧紧围绕专业培养目标，合理选择教学内容，充分发挥自身优势，为新农村建设做出贡献。在内容的选择上，应包括以下四个知识模块：

① 政治理论知识模块。主要有：马列主义、毛泽东思想和邓小平理论基本知识；“三个代表”重要思想；党的十七大精神等内容。

② 政策法规知识模块。主要有：市场经济政策；发展农业农村经济和社会事业的政策；我国基本法律制度；农村基本法律制度等内容。

③ 农村经营管理知识模块。主要有：农村综合管理；农村土地承包管理；农民负担

监督管理；农村集体资产和财务管理；农民专业合作组织建设；农业社会化服务体系；农业结构调整；农业产业化经营等内容。

④ 技术知识模块。主要有：计算机技术；网络技术；种植技术基本知识；养殖技术基本知识等内容。

二、农村经济管理专业核心课程的教学内容

1. 农村经济

主要讲述农村经济的基本原理、农村商品供求均衡分析、农民的消费行为分析、农村企业生产要素的合理配置、农村产业结构、农村资源开发利用、农村人口与环境、农村社会收入的分配与核算、农村经济发展战略和农村经济体制等基本农村经济知识。

重点：农村经济制度的演变、农村产业结构。

难点：农村企业生产要素的合理配置、农村经济发展战略。

2. 统计核算

主要讲述统计学的基本概念、基本方法，农村统计调查、统计资料的整理和农村统计资料的分析。

重点：统计学的基本方法、农村统计调查和统计资料的整理。

难点：农村统计资料的整理和分析、农村统计报表的填报。

3. 会计核算

主要讲述会计核算的基本前提、会计要素、会计核算基本方法、记账程序，资产、负债、所有者权益、收入、费用和利润等的确认、核算的方法，财务报表的内容和编制等。

重点：会计要素的概念、会计核算基本方法。

难点：农村会计的要素、财务报表的编制。

4. 农村财税与金融

农村财税部分主要讲述农村财政的概念、财税收入与支出、财税管理体制、财税宏观调控等内容。金融部分主要讲述农村融资的渠道与方式、农村保险等内容。

重点：农村财税管理体制、农村融资的渠道与方式。

难点：农村财税制度、农村保险。

5. 农村政策与法规

主要讲述农村基本经济政策、农村基层民主政治制度及农村基本法律制度，农业法、农村产业政策、农业资源环境政策与法规等内容。

重点：农村政策与法规的基本知识。

难点：农村产业政策、农业资源环境政策与法规。

6. 农产品营销

主要讲述农产品营销的基本概念、基本原理和基本知识，农产品促销策略、农产品营销渠道选择。

重点：农产品营销的基本原理、基本方法。

难点：农产品营销的方法和技巧。

7. 农村企业经营管理

主要讲述农村企业管理制度、资本经营与投资管理、市场调查与市场预测、经营决策与经营计划、生产要素的组织与管理、经济效益分析等。

重点：企业经营管理基本知识。

难点：经营决策与经营计划、经济效益分析。

8. 农村审计

主要讲述农村审计的概念、准则、依据等基本知识和内部审计、资产、负债、所有者权益、财务报告审计。

重点：农村审计基本知识。

难点：农村财务报告审计。

三、农村经济管理专业教学分析

1. 专业教学内容总体分析

本专业教学内容包括四个知识模块：即政治理论模块；政策法规模块； 农村经营管理知识模块；技术知识模块。

政治理论模块内容主要以马列主义、毛泽东思想、邓小平理论和科学发展观为指导，引导学生用马克思主义哲学的立场、观点、方法观察和分析农村社会生活现象；提高学生政治思想素质，初步树立正确的世界观、人生观和价值观，为将来从事农村经济管理打下基础。

政策法规模块内容主要以新农村建设所必需的农业政策和法规知识，引导学生增强社会主义法制观念，初步做到知法、懂法，增强法律意识，提高辨别是非的能力，为学生参与新农村建设和农村经济管理奠定法律基础。

农村经营管理知识模块内容主要以农村经营管理必备的基本理论、基本知识和基本技能，引导学生掌握农村经济理论知识、会计、统计核算知识，培养学生基本经营管理职业技能，为新农村建设和农村经济发展积累经营管理知识。

技术知识模块内容主要以社会主义新农村建设所必需的植物栽培技术与动物养殖技术知识为基础，引导学生掌握一定的农业生产知识和现代生产技术，强化学生的专业技能，提高学生的职业素质，使学生在新农村建设中能够真正担当起新农村建设的参与者和模范带头人。

2. 专业教学内容现状分析

（1）课程内容陈旧，未能反映科学技术发展的趋势

课程内容是课程目标得以实现和达成的重要载体和保证。农村经济管理专业教育是为各个地方的农村社会经济发展服务的，其课程应当反映科学技术特别是社会主义新农村发展的趋势和特点要求。然而各地采用的是全国或全省（直辖市）统编的课程教材，这种课程教材开发采用从上往下、相对集权的决策机制，从而必然导致其内容明显陈旧、落后，脱离各地方多样化的实际。要培养农村经营管理人才，必须适应各地新农村建设中农业产业化经营、乡镇企业发展的需要，积极调整课程内容。

（2）教学内容重理论，轻实践

一直以来，中职类的专业课教材是按照高校教材的套路编写的，可以说是高校教材的“缩影”，没有考虑中职学校的生源特点，违背了学生的学习规律，没有体现出职业教育的特点，教材的内容以理论知识传授为中心，实践性教学环节（模拟作业、实习等）只是作为验证手段存在，缺乏操作能力训练；理论学时偏多，实训学时偏少，操作技能得不到及时强化，学生难以形成熟练的操作本领和过硬的从业能力。

（3）教学内容过于注重学科的系统性

学科体系的课程与教材往往只强调教师的主导作用而忽视学生的主体地位，以学科为中心设计和组织教学内容，一般设置15～25门学科性课程，每门课都过分强调本学科的系统性、完整性，课与课之间在知识内容方面相互重复，在技能训练方面相互推诿，体现不出职业教育特色。学科本位的课程与教材体系制约了新的职业教育教学方法的实施。

因此，农村经济管理专业的教学内容应多一些感性化知识，少一些理性化知识；多一些直观的知识，少一些推理的知识；多一些应用的知识，少一些理论的知识；多一些生活化的知识，少一些抽象的知识。

3. 教学内容的选择

在选择教学内容时，应特别注意遵循下面五条标准。

（1）科学性

科学性是选择教学内容最重要的标准，指教学内容观点准确、论据确实、表述规范，甚至连字、词、句和标点符号也无错误。不得因教学内容的错误而使学生误入歧途。

（2）基础性

基础性指精选基础知识、基本规律为教学的主干内容。该条标准是由知识众多与教学时间有限这对矛盾决定的。要精选基础知识、基本规律，基础知识、基本规律适用性广、包容性大、概括性高、派生性强。只要突出了这些知识，就能真正起提纲挈领的作用。这样才能在主体结构上突出主干内容，建立合理的“基本结构”，保证基础知识和规律被学生熟练掌握和运用。

（3）发展性

发展性指教学内容蕴涵了培养学生能力的显著成分与价值，通过教学能显著地促进学生发展。“发展学生的能力”已成为当今国内外教育界最为关注的问题。发展学生的能力应在教学内容的选择上得到体现。特别农村经济管理专业教学内容的一个重要目的是为了学生能适应社会生活，面向生产劳动，因此，培养能力显得更为重要。根据发展性标准，要重点选择那些对培养学生的能力特别有效、有用的内容。

（4）可接受性

可接受性指立足于目标，把高难度和量力性有机结合起来，使内容的难度恰好落在学生通过努力可以达到的潜在能力的“最近发展区”上。

（5）时代性

时代性指教学内容在体现人类知识宝库的精华时，也能反映科学发展的最新成果，体现现代社会甚至未来社会所要求的知识，具有鲜明的时代特点。

第三节　农村经济管理专业教材与分析

一、农村经济管理专业教材状况

教材是教学活动的三个基本要素（教师、学生和教材）之一，是广大师生赖以进行教学活动的基础，教材质量的优劣直接影响到知识的传播和应用，也影响到行业内劳动者职业技能素质的高低。目前，本专业使用的教材可以归纳为几类：

① 从教材编写渠道来看主要有：国家教育部组织编写的国家规划教材；如：农产品营销、会计核算、农村财税与金融、农村审计实务、统计核算、农村企业经营管理、农村政策与法规、农村经济等。地方教育部门组织编写的地方教材和各个学校组织编写的校本教材等。

② 从教材出版渠道来看主要有：农业出版社教材、教育出版社教材、财经出版社教材、统计出版社教材、其他行业出版社教材、校内讲义、其他教材。

二、农村经济管理专业教材分析的依据

教材分析是进行教学工作的一项最基础、最重要的工作，每个教师都应该重视这一环节，并要具有分析教材的能力，掌握分析教材的一般方法。分析教材的主要依据是：

1. 农村经济管理专业的知识体系

专业的知识体系是指从事某类具体职位所需要的专业知识体系的构成情况和结合方式，它可以直接转化为胜任某种岗位的工作能力。

从整个农村经济管理专业的知识体系来看，可以分为两大部分。一部分是基础理论知识，它是由政治理论、经济学理论、经营管理理论、政策法规理论等组成的知识系统。另一部分是基本技能，它是以会计核算、统计核算、市场营销、网络技术、种植技术、养殖技术等组成的知识系统。认识这个知识体系，在分析教材时，才能看清教材的知识结构和体系，才能把各部分教材内容放在农村经济管理专业知识体系中来理解。认识它们各自的地位和作用，才能从知识方面居高临下，深刻地理解知识的内容，做到深入浅出；才能从发展的观点掌握好知识，避免教学中的绝对化和片面性。

2. 学生接受本专业知识的水平、心理特点和思维规律

教学的一切活动都要着眼于学生的发展，并落实在学生学习的效果上。中职农村经济管理专业的学生主要来自农村，一般是初中毕业，接受一般知识的水平比较低，因此，在教学中要充分地认识和把握学生学习本专业的心理规律。只有充分把握住学生在认识活动中的智力和非智力因素的影响，才能使教学活动落实到学生身上。经济管理类人才应具有较高的科学素养、较强的创新能力与敏锐的市场反映能力。因而分析学生学习农村经济管理专业的接受水平、心理特点和思维规律是分析教材的另一个重要依据。

3. 教学大纲或教学指导方案

教学大纲或教学指导方案是根据教学计划所制定的对学科教学的指导文件，是根据教育目标，考虑到学科结构、学生情况而制定的。既是指导教学和编写教材的依据，也是评价教学和考试命题的依据。教师必须认真学习和钻研教学大纲和教学指导方案，按照教学大纲或教学指导方案的规定和精神进行教学，才能做好教学工作。在2001年，根据中等

职业学校重点建设专业教学指导方案，由高等教育出版社组织编写了农村经济管理专业主干专业课程的国家规划教材。

三、农村经济管理专业教材分析

一直以来，适合农村经济管理专业的教材比较缺乏，基本上使用国家和地方政府统一组织编写的教材，这种统编教材在90年代起到了十分重要的作用。但是在科学技术飞速发展的今天，其教材内容的滞后性便很快地表现出来。主要表现在以下几个方面：

1. 编撰教材的思路老化

国家和地方政府统一组织编写的教材，未跳出过去经验形成的一种固定思想模式，过分迷信权威，迷信编撰者的年龄，迷信过去的经验，被经验思想模式束缚。对一些早已存在的问题拖而不决，整体上教材质量没有质的提高和突破。大量的概念、原理等内容使学生望而生畏，教师难以组织有效的教学。

2. 知识过于陈旧、应用性差

有些知识已经不能满足现代农业发展的需求，如2001年版教材中的农村经济学的部分内容早已过时，新版教材应增加社会主义新农村建设中的新知识、新问题。现用教材中理论性知识过于突出，这样的知识体系是不符合中职发展需求的，中职以培养技能性与应用型人才为主，而我们还在教一些理论性极强的知识，所以，新编教材应注意技能应用教学。

3. 教材中知识的灵活性差

缺少地区农业特色板块，不能满足地域农村经济发展所需，采用全国、全省统一一套教材，教授同一个知识，而各地区间的农业生产和农村经济发展不同，用一套缺乏各地实际情况的教材教授学生，肯定不能满足各地农业经济发展的需要，培养的学生不能指导当地农业发展。因此，只有充分考虑各地农村经济发展差异，编写具有不同地域特色的教材，才能满足各地农村经济发展的需要。

总之，加强新教材建设，积极选用农村经济管理专业的学科规划类教材、面向二十一世纪教材以及课程内容充分反映学科的新发展、新要求的教材，加强基本知识、基本理论和基本技能的训练，特别强调实践教学环节的内容，加强学生素质教育，培养学生创新能力，不断改革现有教学方法、手段，提高学生学习的主动性和积极性。逐步实现国家、地方、校本教材并举的灵活格局，满足人才培养目标要求，而且课程、教材要注重“实际、实用、实效”，编出图文并茂、通俗易懂、农村学生喜闻乐见的教材，文字教材还要配以声像教材。

第四节　农村经济管理专业教学内容的组织

一、农村经济管理专业教学内容组织的原则

学习受多种因素制约，教学内容的组织也应有多种不同方式。虽然不同的组织均可

达到同一教学目标，但其效能却大不一样。根据系统论“整体大于各部分之和”的观点，各部分最优并非就能达到整体优化。因此，我们在进行教学内容组织时，除考虑各部分外，既要充分考虑各种制约因素的协调，又要把握各部分内容上下左右的衔接，才能达到整体最优化的效果。在组织教学内容时：

1. 理论必须以够用为度，注重技能培养

以培养综合技能为主线，按照实用优先于系统、实务优先于理论、技能优先于知识的原则设计课程内容体系。运用职责分析方法，从通用、专业和个人发展三个层面对本专业的知识结构和能力结构作如下五个方面的界定。第一，通用知识：掌握语文、数学、外语知识等文化基础知识，掌握与专业学习和个人发展相关的电子计算机知识、综合文科或综合理科知识；第二，专业知识：掌握经济科学、管理科学、农业科学和政策、法规、管理惯例、公共关系等方面的基本知识；第三，通用能力：应掌握语言表达、经济计算、文书写作、计算机操作等技能和技巧；第四，专业能力：掌握计算工具使用、作物种植或畜禽养殖、统计核算、会计核算、经济调查、经济活动监控等专业技能，具有职能管理、事务管理、资产管理、经营指导、农产品营销、经济纠纷排解、违规事件处理、公众关系管理等能力；第五，发展能力：具有良好的道德品质和较强的创新精神、创业观念，有较强的信息获取、处理、运用能力和社会交往能力，能够遵守竞争规则，有合作精神和合作能力。

2. 根据职业岗位，选择与确定教学内容

农村经济管理专业主要培养农村合作经济组织的经营管理人员、农村企业操作层管理人员；农村经纪人、农村中介组织经营管理者、家庭规模经营业主；乡（镇）农村经济管理部门职能人员、村民自治组织领导者、农村企业中层管理人员等职业岗位。担负着组织内的财务会计、经济统计、资产管理、事务管理、资源管理、农户经营指导、所属单位财务审计或财务监督、信息现代化处理等多种经营管理职责，能扮演不同的管理角色。要求中等职业学校农村经济管理专业改以往按学科体系设置课程为依据职业岗位对从业人员知识与能力要求设置课程。横向按能力性质将课程分为公共基础课、专业基础课和与专业课相接的专业实训课三个类别；纵向按能力形成顺序将课程分为基础训练、专业训练、特长训练3个层次。使整个课程体系紧紧围绕职业能力这个中心从泛到精、由浅入深有序展开，从而达到培养学生全面素质和综合职业能力的目的。

二、目前专业教学内容组织中存在的弊端

长期以来，农村经济管理专业，一是以学科为中心设计和组织教学内容，一般设置25～30门学科性课程，每门课都过分强调本学科的系统性、完整性，课与课之间在知识内容方面相互重复，在技能训练方面相互推诿，体现不出职业教育特色。二是以理论知识传授为中心，实践性教学环节（模拟作业、实习等）只是作为验证手段存在，缺乏操作能力训练；理论学时偏多，实训学时偏少，操作技能得不到及时强化，学生难以形成熟练的操作本领和过硬的从业能力。三是以终结性教育观念组织和管理教学，致使学生缺乏学习的兴趣和继续学习提高的动力。四是教学内容和教育技术得不到及时更新，难以适应农村经

济环境变化、管理模式改革和技术进步的需要。五是专业管理比较呆板，不能及时调整知识和技能的强化方向，难以适应农村人才市场的需求变化。六是学年制教学，缺乏选课机制，影响学生个性发展和学习兴趣；没有时间弹性，影响学生与社会实践结合的积极性，难以顾及学生个体的差异性，不利于创业型人才的培养。七是重专业课轻文化基础课和重经济类课程轻农业技术类课程现象并存，不利于学生全面素质和综合职业能力培养。八是缺乏职业指导、职业道德规范训练、创业教育、创新能力培养、社会交际及合作精神等方面的教学内容和养成教育，致使德育工作显得苍白无力。消除这些弊端应该成为农村经济管理专业整体教学改革的核心任务。

三、新形势下农村经济管理专业教学内容组织分析

农村经济管理专业的教学内容体系应按照专业的职业要求，以“必需”和“够用”为度，以培养面向二十一世纪，适应社会主义市场经济建设和农村社会经济发展的要求，熟悉农村社会经济生活，掌握市场经济基本原理，具备农村经营管理知识和技能为目标，强调基础理论课应为专业理论课服务；专业理论课应为专业课服务。

1. 公共基础理论课教学内容组织

首先，对于政治、哲学、英语、语文、数学等公共基础理论课，应大量精简。目前的公共基础课，教材内容庞杂，注重理论体系。这就需要我们明确中职的基础理论不要求学生掌握严谨的学科理论，完整的学科体系，而是掌握的理论知识线条要粗，所以在教学中要大胆删去“偏、难、杂”的理论知识，保留必需的基础知识，但知识面应当宽泛一些；其次要注意把握“必需、够用”的原则，“必需”是指知识的讲授和学习能够满足专业和职业能力的需要，而不是像本科教育那样，立足打好深厚基础，“够用”是不再追求学科体系逻辑严密性，强调教学内容“实际、实用、实践”。

2. 专业基础课和专业课教学内容组织

专业基础课和专业课教学应围绕工作任务和职业岗位组织教学内容，把培养学生运用理论分析和解决实际问题的能力作为教学重点，注重专业理论知识与具体工作岗位之间的直接联系，使专业理论服务于工作实践。这样，学生获得的知识始终与具体的工作任务相对应，专业理论不再抽象。教学过程以学生对工作任务的完成为目标，学生不再是知识与能力的被动接受体，能够解决生产实际中的有关问题。

对于那些为了提高学生专业理论水平的诸如经济学、管理学、审计等专业理论课的教学内容体系，应仔细筛选提炼，以学生进一步学习专业课“必需”和“够用”为度；对于那些强调提高学生业务素质的，诸如农村经济、农村经营管理、会计核算、统计核算、市场营销等专业课的教学内容及教学方法体系，应大力改革、创新。在教学内容的组织上应把农村法规政策、家庭承包经营制、农业产业化经营、农村产业结构、农村财务会计、农村经济统计、农村税收、农产品营销等作为重点内容。

参考文献

[1] 张鹏顺. 简论高职院校面向新农村建设的教学内容改革[J]. 职业教育研究，2008，（8）.

[2] 张於倩，李顺龙，等．农林经济管理专业课程体系改革对策研究[J]．中国林业教育，2006，（5）.

[3] 教育部教育与成人教育司\教育部职业技术教育中心研究所．农村经济管理专业教学指导方案[M]．北京：高等教育出版社，2001.

[4] 张大均，郭成．教学心理学纲要[M]．北京：人民教育出版社，2008.

第四章　农村经济管理专业教学媒体和环境创设

第一节　农村经济管理专业的教学媒体

一、农村经济管理专业教学中媒体的选择

1. 教学媒体及其分类

所谓教学媒体是指直接加入教学活动，在教学过程中传输信息的手段。从某种意义上说，有了教学活动，就有了教学手段和工具，只是在不同时期，各种教育媒体在教学中所起的作用不同而已。传统的书本、黑板以及随后出现的幻灯机、投影仪、电视机等教学媒体在教学中主要发挥教学手段的作用，辅助教师传递教学的信息，而目前迅速发展的多媒体技术、虚拟现实技术、人工智能技术等不再是单纯的教学手段，它还可以为学生创设多种学习环境，提高学习的效率，可以作为学生的认知和学习工具，培养学生的思维能力和解决问题的能力。

根据不同的分类原则，教学媒体有多种分类方法：如按照教学媒体的发展演变和信息传播方式，教学媒体可分为传统媒体、单向媒体和双向媒体；按照信息的传播距离，教学媒体可分为课堂教学媒体和远距离教学媒体等。

根据在教学过程中的功能，教学媒体可划分为演示手段、工作或学习手段和激励手段三大类。演示手段是指使抽象、复杂的教学内容变得直观易于理解，如用于教学演示的机器设备、挂图、模型和工具等。媒体作为工作或学习手段，是学习过程中最重要的信息载体，如教科书、练习册和教学参考书等。教学媒体还可以作为激励手段，用来提高学生学习的积极性。当然，这种根据教学功能的划分不是绝对的，如许多教学录像片一方面可以引发学生的学习热情（激励手段），另一方面又提供了信息（学习手段）。

按照学生获得信息的感官种类，教学媒体还可分为听觉媒体、视觉媒体、触觉媒体、视听煤体、嗅觉媒体、味觉媒体和动觉媒体。同样，这种划分方法也不是绝对的，如现代职业教育中采用的多媒体教学就是利用计算机技术，对多种教学媒体综合运用。

2. 农村经济管理专业教学中媒体的选择

随着科学技术的高速发展，农村经济管理专业教学中教师具有越来越多的传递教育信息的手段，学生也能够通过更加广泛的渠道，获得更大范围的学习经验。那么，为了达

到预期的教学目标，在功能各异的、丰富多彩的教学媒体中如何选择适宜有效的媒体？影响教学媒体选择的因素有哪些？

（1）教学媒体选择的影响因素

教学媒体的选择是一项比较复杂的工作，原因在于它涉及很多的影响因素，英国著名教育技术专家罗密斯佐斯基（A.J.Romiszowski）提出了一个影响媒体选择的因素模型，揭示了影响媒体选择的主要因素，如图4–1所示。从图中可以看到，影响媒体选择的因素很多，既有来自教学目标、教学活动、教学内容和教学方法选择方面的影响因素，又有来自学习者的特点、教师态度、技能方面的影响，也有来自管理方面影响因素，如实施教学的地点、对象、时间、资金及可行性等因素，还有教学环境因素的影响，如教学的空间、光线等，因此，媒体的选择是在综合考虑众多影响因素的基础上做出的谨慎抉择。农村经济管理专业教学活动过程中，教师同样应该综合考虑媒体选择的各种影响因素，尽可能地选择适合专业教学的媒体工具开展教学活动。

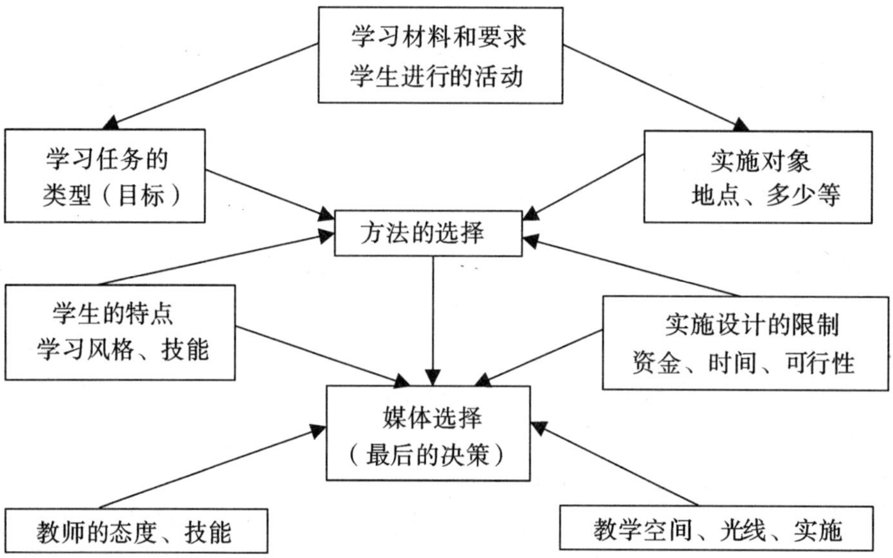

图4–1 媒体选择的影响因素

（2）教学媒体选择的基本原则

第一要坚持目标控制原则。教学目标是贯穿教学活动全过程的指导思想，它不仅规定教师进行教学活动的内容和方式，指导学生对知识内容的选择和吸收，而且还控制媒体类型和媒体内容的选择。不同的教学目标决定不同媒体类型和媒体内容的选择。农村经济管理作为文科类专业，对学生来说，许多知识不仅需要掌握，还要有较强的知识迁移能力，因此，在教学媒体选择方面，教师应努力使教学媒体成为学生与现实世界接触的桥梁，通过各种有效的教学媒体帮助学生获得与职业岗位相关的经验知识，达到职业教育的农村经济管理专业的教学目标。

第二要坚持内容符合原则。教学内容不同，适用的教学媒体也不同；即使同一课程，各章节的内容不一样，对教学媒体的要求也不一样。对教学媒体的选用和设计应以符合教学内容为原则。如会计、统计类技能操作性强的课程，教师不仅可以利用传统的凭证、各种表格、账簿等与现实中的实物媒体演示及练习教学，还可以利用会计软件，虚拟现实公司对会计实务进行计算机模拟教学。

第三要坚持对象适应原则。大量实证研究表明，中职学校学生与普通中学学生在认知上有很大差别。中职学校学生形象思维优于逻辑思维，他们更倾向于运用直观形象思维把握知识。因此，在进行教学媒体的选择时，必须充分考虑中职学校学生的认知特点，绝不能套用某种固定的、僵化的模式。教学媒体选择的重点应放在如何实施形象化教学，以适应学生思维的特点上。

二、农村经济管理专业教学中媒体的应用

1. 媒体的应用要求

媒体作为农村经济管理专业教学的辅助手段，应满足以下要求：

就内容而言，应该能说明事物的变化特性、事物间的联系、应用技术结构等。就能力的发展而言，应该在以下两个方面有益于学习过程：一是为了独立而全面的行动要形成必要的自由空间，二是对真实性的必要的接近，从而使学生有可能处理现实问题，同时发展期望的能力。

为达到这些标准，教师在课上使用前应该检查，为学习过程准备的媒体是否接近下列要求：

通过媒体，学习者对事物变化特性能更清楚地理解吗？在经济学原理课程采用PPT多媒体教学，通过PPT动画效果演示价格变化的过程，能使学生较形象地理解商品供求变化对市场价格的影响作用。

通过媒体，事物间的联系变得更易懂吗？在农产品营销课程中，教师应收集丰富的与教学内容相关材料辅助教学，运用投影演示材料片段，能使学生更清楚地了解现实中农产品卖难问题的出现是多种因素综合的作用。

通过媒体，提供了使学习者获取独立而全面的行动能力的自由空间吗？在采用讨论教学法教学过程中，使用白板和卡片等工具媒体辅助教学，要求学生独立写出与主题相关的关键词，有利于为学生提供独立思考的空间。

通过媒体，提供了促进学习者接近现实的自由空间吗？如在涉农企业管理教学中采用沙盘模拟教学，在会计实务教学中用应用会计软件模拟教学，各种软件媒体都能起到让学生更好地接触现实经验世界的目的。

学习者在设定的自由空间中，由于使用媒体，能更好地发展期望的、与工作情形相关的、合适的关键能力吗？如在农村经纪人实务教学中采用网上交易的模拟教学，使学生通过亲身体验，有利于帮助他们获得现代经纪人岗位的关键职业能力。

2. 对教师的要求

要正确地应用媒体，教师还应做到以下几点：

（1）了解和教学内容有关的教学媒体以及多种教学媒体组合的可能性，并对其系统地加以归纳和整理；

（2）了解各种教学媒体所能产生的有益效果；

（3）了解各种教学媒体的不同使用方式；

（4）选择使用教学媒体时具有清晰、明确的目的；
（5）掌握灵活使用教学媒体的原则；
（6）积极学习有关教学媒体的新信息。

第二节　农村经济管理专业的教学环境

教学环境是一种特殊的环境。概括地说，教学环境就是学校教学活动所必需的诸客观条件的综合。它是按照发展人的身心这种特殊需要而组织起来的环境。教学环境的好坏与教学活动的成败息息相关。因此，充分了解和认识教学环境，切合实际地创设教学环境是现代学校教学工作的基本内容之一。

一、教学环境及其分类

教学环境又有广义与狭义之分。从广义上说，社会制度、科学技术水平、家庭条件、亲朋邻里等，都属于教学环境，因为这些因素在一定程度上制约着教学活动的成效。从狭义的角度，即从学校教学工作的角度来看，教学环境主要指学校教学活动的场所、各种教学设施、校风班风、师生人际关系，等等。

教学环境是由人、财、物、事、时、空等要素构成的一个完整系统。一般来说，教学环境可以分为物质环境和社会环境。前者如校舍建筑、教学设备，后者如学校中的社会交往、学习气氛、各种关系、社会信息、乃至生活经验等。从不同的角度还可以对教学环境作进一步的分类。例如，从环境的存在形态上可以把教学环境分为有形环境与无形环境、动态环境与静态环境；从环境的分布上可以将教学环境分为室内环境与室外环境；从环境的某些局部特点上又可将教学环境分为时序环境、信息环境、人际环境、情感环境，等等。

二、农村经济管理专业的教学环境创设

农村经济管理专业教学最常用的教学形式是课堂教学和实习教学。下面我们就对课堂教学环境和实习教学环境的创设进行探讨。

1. 课堂教学环境的创设

课堂教学是培养学生知识掌握和能力运用的主阵地。在现实中，我们经常看到，同样一个老师，同样一本教材，不同的学生却出现不同的学习效果。导致这种差异有种种原因，但其中重要的一条就是教师忽视了课堂教学环境的创设。农村经济管理专业教学教学环境的创设应该做到：

（1）营造学生敢于交流的心理环境

营造一种氛围，让学生能够无拘无束地发表个人的看法，是课堂教学高效率的必备条件。中职学校的学生在学习中的一个主要障碍就是不敢开口说，不善于交流，他们往往怕说错、拘谨，其结果导致学生语言表达能力弱。消除学生的紧张心理，是提高学生语言表达能力的良好契机和有效途径。

专业教学活动中，教师要了解学生情况，根据学生的心理特点，营造学生敢于交流的氛围，可采取以下措施：如在农村经济管理专业课程中采用讨论教学法，案例讨论环节

以及考察活动前期讨论等，都需要小群体交流，教师可在教室里把学生的座位按照小组或环形布置，让学生相对而坐，增加交流的气氛；让学生坐在座位上自由轻松地交流而不是站起来回答问题，在陈述复杂的观点和结论时可以准备小纸条作为提示。在一个全面放松的环境下，学生会自然而然地集中全部的注意力在学习上，这就给予了课堂教学高效的保障。

（2）创设学生乐于交流的现实场景

一节生动有效的课必须能够使真实的生活场景得以重现，教师应该根据不同的教学目标、教学内容和教材特点，虚拟出多种多样的现实场景，给学生提供交流的材料，让学生在课堂上练习多种表达方式，如角色扮演、看图说话、内容复述、就某一主题进行争论辩论等都是为学生创造交流的学习情境。

（3）创设良好适当的学习竞争环境

心理学研究结果表明，良好的学习竞争环境，有助于激发学习热情，诱发学生的学习动机，增强学生的学习动力，从而有助于提高课堂效率。农村经济管理专业教师课堂教学中，也可以根据教学内容特点，选择合适的教学方法，如讨论教学法、项目教学法等，都可尽量创造条件，让学生进行各种良性的竞争活动，相互鞭策和鼓励，会收到良好的教学效果。如农业企业经营管理课程中采用的沙盘模拟教学，让学生扮演不同的角色，进行沙盘比赛，开设虚拟公司、进行经营决策，主要角色还可以进行轮换，让学生体会不同管理岗位地职责和任务，通过比赛，提高学生分析问题的能力和经营决策的科学性。

创建良好的竞争氛围的方式多种多样，小组竞赛、玩游戏、利用多媒体技术等是课堂教学中普遍采用的方法，只要在创设竞赛氛围的同时，注意公平公正的原则和鼓励性评价兼顾，加强学生的参与，保护学生参与的积极性，就可以对教学活动起到推波助澜的作用，从而提高教学质量。

（4）营造宽松愉快的人际交往环境

在循序渐进的学习中，想要保持课堂教学的高效率还在于要在师生之间形成一种恒定稳固且融洽的师生关系，教师对学生的主观态度和评价标准显得尤为重要。原苏联教育学家赞科夫指出："当教师把每一个学生都理解为他是一个具有个人特点的、具有自己志向、自己智慧和性格结构的人的时候，才能有助于教师去热爱儿童和尊重儿童。"教师在承认学生的个性和个体差异的前提下，在教学语言、体态和评价上都应注意传达一种鼓励和肯定的讯息，从而使学生产生一种积极的情感，使他们感受到教师的关注，从而化消极被动为积极主动，增加他们克服困难的信心，加强学习的欲望。

在任何针对学生开展的教学活动中，学生都是认识的主体，教师水平、教学内容、教学方法、教学设备等对学生来说虽然重要，但外因再好，终究还要靠内因起作用。学生这个学习主体的思想状态、情绪变动都是影响课堂教学能否达到高效率这一目标的关键因素，想让学生处于一个最佳的学习状态，就要把他置于一个愉快、积极的学习环境中去，正如只有在春风和煦日的关怀下，才能盛开出最艳丽的花朵。

2. 实习教学环境的创设

实习教学是中职学校教学中的中心环节，实习教学环境是培养技术技能型应用人才的必要支持条件。因此，我们要尽量创设完全满足实习教学的需要教学环境。创设实习教学环境可以从硬环境和软环境两个方面来考虑。

（1）实习教学硬环境的创设

中职学校农村经济管理专业实习教学硬环境创设的主要方法：一是加大投资力度，配置必需、够用、先进的硬件设施；二是加强校内实习基地的建设；三是走产学合作之路，加强校外实习基地建设。

（2）实习教学软环境的创设

由于职业教育经费的短缺、产学合作保障机制的缺失，以及技术发展的日新月异等因素，使得实习教学硬环境的创设难以完全满足职业教育教学的要求。因此，职业学校应注重实习教学软环境的创设。创设实习教学软环境关键是让学生动起来，达到良性循环的状态。具体可以采用以下方法：

一是社会专家与教学的融合，对学生进行专业实习意识的培养。社会专家本身就是学生专业学习的一本书，因为他们能够跳出书本，向学生讲授自己亲身实践的经验，描绘社会岗位对专业能力的实际需要，使学生提高培养全面素质的意识，产生专业实习的愿望，这实际上就是个实习教学过程。同时，学生们通过与社会专家的交往，认识了更多的社会业内人士，这种关系的循环和扩大，构成了学生自我即专业实习的软环境。在这样的环境中，学生们所表现出的强烈求知欲和主动学习的精神会使他们的专业能力迅速得到提高，其效果与在实验室里实习是无法相比的。学校可请基层农业部门领导、涉农企业高层管理人员、有经验的村支书、农民专业合作社典型代表等一些相关岗位专家来校讲课或聘请其为专业兼职教师，创造条件使学生有与社会专家接触的机会。

二是将实习教学与专业岗位的社会实践相结合。任何一种专业工作的完成，都是在一定的社会性和组织性的环境中进行的。单纯的校园内实验性实习，不能满足学生对提高专业岗位能力和全面素质的要求，它与社会专业岗位的能力需求具有一定距离，把实习教学与社会专业岗位的锻炼有机地结合起来，不仅有利于学生把课堂上学到的知识与社会专业岗位的需求联系起来去思考，同时也有利于他们同业内人士进行学习和交流，使所学到的知识更实际、更真实、更全面。因此，学校要加强同涉农行业实习单位的联系，把学生放到专业实习的社会岗位上去锻炼，如乡镇企业、农民专业合作组织、村委会等。

三是实施能力测试机制。创设有效的实习教学软环境，实施能力测评机制是关键环节。职业学校学生的测试方式，应该从试卷问答式的纸堆里跳出来，道理很简单，知识和能力并不是一回事。能力所包含的是知识和实践水平，因此，职业学校学生的成绩测试，应完全实行能力测试机制，而能力测试要以社会专业岗位实际需求为标准。测试时，可邀请社会专家和业内人士与学校专业教师同时进行。在测试中鼓励学生走出校园进行社会专业岗位锻炼，如：学生在社会专业岗位上获得社会认可的专业成果，可以作为测试成绩进行评定。

参考文献

何克抗，郑永伯，谢幼如. 教学系统设计[M]. 北京：北京师范大学出版社，2007.

第五章　农村经济管理专业教学方法分析

第一节　职业教育专业教学方法

一、职业教育专业教学方法的概念

什么是职业教育专业教学方法？目前还很难找出完全一致的解说。究其原因，主要是影响职业教育专业教学方法的因素太多，几乎所有影响职业教育的因素及职业教育本身的因素都直接或间接地影响着教学方法。但我们也还是可以从教育、工作和结构三个维度来把握职业教育专业教学方法的概念。

从教育的维度，职业教育教学方法最基本的内涵包括以下四个方面：一是教学方法必须为实现教学目的，完成教学服务，即方法要服务于目的。任何一种教学方法都要以实现一定的教学目的为前提，否则教师就不可能进行有目的的教学活动。二是教学方法最主要的本质是教和学密切联系、相互作用的双边活动，这是教学方法这一概念的核心。三是教学方法是师生活动的方式、步骤、手段的技术。换言之，它是包含了一系列动作总和的体系，任何一种教学方法都必须表现出师生动作的外部特点，以及这些动作的手段和方式。四是教学方法是教学内容的一种特殊运动方式，是“对内容进行包装”。

从工作的维度，职业教育专业教学方法包括以下两个方面的涵义：一是职业教育专业教学方法是教师和学生在体制框架下获得周围自然的、社会的、职业的以及团体的实际性和同时展示自己的形式和流程。二是教师的教和学生的学的活动是由有针对性的工作、社会交流以及有意义的相互理解而组成的。

从结构的维度，职业教育专业教学方法的结构要素主要包括主体结构要素和形式结构要素。职业教育专业教学方法的主体结构就包括教法和学法两个方面。教法即教师教的方法，包括传授学生知识的方法，培养学生学习方式的方法和发展学生能力的方法等。学法即学生学习的方法，包括接受教师教导的方法，自我学习的方法和发展的方法等。职业教育专业教学方法的形式结构要素包括语言系统、实物系统、操作系统和情感系统四大要素。

语言在讲授、谈话、讨论、读书指导等几种用语言传授为主的教学方法中，以及在其他各种教学方法中是必不可少的要素。语言主要包括：书面语言、口头语言和体态语言。书面语言、口头语言的具体表现形式有：教科书、板书、作业、评估、讲解、提问、阐述等。体态语言是指师生情绪、表情、行为等，是一种容易被人忽视，却非常重要的语言方式，尤其可以向学生表述不易直接用文字语言表述的东西，它还可以作为书面语言、口头语言的辅助形式，所以，体态语言是职业教育教学方法中一个重要的形式结构要素。

实物系统包括自然实物和人工实物两要素，具有形象性、具体性、直接性和真实性等特点，是各种教学方法获得直观效果所不可缺少的条件。教学所采用的实物主要有动、植物标本，教具，学具，实验器材，图片，表格，模型，音像制品，电视电影，计算机等。有了实物，学生可以通过视、听、触、嗅觉来感知学习对象，形成感性知识，通过操作获得体验，提高对知识的理解。

操作系统的主要价值在于形成技能技巧，养成行为习惯，发展学生实际运用知识的能力。

情感系统是指教师和学生在教学过程中通过各种手段所造成的，以引发师生在情感上变化的某种场景和气氛，这样有利于学生感知、体验和认识。

就教学方法结构而言，职业教育专业教学方法是由语言系统、实物系统、操作系统和情感系统所构成的教法和学法的有机结合和辩证统一。

二、职业教育专业教学方法的特点

1. 专业针对性

相对于普通基础教育而言，职业教育是专业教育或专门教育，是培养某一职业领域专业人才的教育。教学工作紧紧围绕专业知识的获得以及专业技能的形成而开展，专业的科学规律、专业知识和技能的内容特征无不映射在教学活动的整个过程，由此使得教学方法带有鲜明的专业针对性特点。

2. 职业针对性

相对于普通高等教育而言，职业教育又是一类具有特殊内涵的专业教育。普通高等教育主要侧重培养具有学术性、理论性和基础性的人才，而职业教育，无论是初等、中等或高等职业教育，都是培养一线的技术人员、基层管理人员、技术工人、新型农民以及其他劳动者，与一线职业的对口性很强。教学工作围绕学生能具有一定的职业特长，能够在较短的时间内顶岗工作而展开，职业的要求和特点蕴含在每个教学环节和教学活动中，由此教学方法也带有鲜明的职业针对性特点。

3. 行动导向性

职业教育培养人才的一般规律，就是要突出职业教育的“实用”、“实训”、“应用”。教学目标强调对学生技术实践能力的系统培养，而至于学生是否需要或者需要接受系统化理论教育的程度则取决于学生未来工作岗位的要求。教学内容以技术知识为核心。技术知识具有思维的具体性，即技术知识需要运用语言逻辑思维，具体形象思维和直观动作思维等多种思维，特别是具体形象思维和直观动作思维。技术知识具有过程性，即技术的本质是一种活动，掌握技术知识的目的是运用这些知识获得特定的技术。因此，技术知识在本质上是过程性的，其真正的意义只有在技术活动中才能建构。尽管有些技术知识也能用语言、文字等来表达，但文字层面的知识并不是真正的技术知识，只有转化为个体的技术活动，并在技术活动中加以理解的技术知识才是真正的技术知识。这种教学的目的和内容使得教学方法必须以行动为导向，以活动为方法，在活动中训练和改变行为。

4. 学生主体性

传统的学科教学方法在相当程度上忽略了教学中学生的主体地位，几乎把教学变成教师的单一活动，教师是整个教学活动的主宰，而学生则完全处于被动接受的地位。在教学方法理论上，也主要是论述教师如何教，重视对教师教的方法的研究，而很少论及学生如何学，忽视对学生学习过程的研究。现代职业教育能力本位的教学理念强调，在职业教育教学中必须充分尊重学生的主体地位，使教育最大限度地个性化，最大限度地调动学生的积极性。职业教育教学方法包括教师对教学过程的组织、信息的传递、对学生的辅导和控制职能，更包括学生主动获取信息、观察、制定计划、决策、实施计划、检验结果的活动。

5. 灵活多样性

制约职业教育教学活动的因素有外部因素和内部因素。外部因素有劳动组织形式、工作组织方式、技术发展水平等；内部因素有教学目标、教学内容等。首先，制约职业教育教学活动的内、外诸多因素的有机结合，构成了职业教育教学方法的灵活多样性。其次，劳动组织形式和工作组织方式的多样性，构成了职业教育教学方法的灵活多样性。第三，技术知识的复杂性构成了职业教育的教学方法的灵活多样性。技术知识不仅包括技术理论知识而且包括大量的技术实践知识，它无法用简单的几个命题或公式来概括。技术知识与情境紧密联系，而情境是复杂、多变的，这就决定了技术知识也必然是复杂的。

三、职业教育专业教学方法体系的定位

职业教育专业教学方法体系定位必须是以实践为导向、以培养学生职业能力为目标。这是因为：

第一，它是职业教育培养目标的要求。职业教育的目标，要求其不但要传授一定的知识、技能，而且还要传授相应的职业经验。因此，职业教育教学方法体系就应是多方面的，不但包括传授知识技能的理论和实践教学方法，而且还包括传授职业态度和职业经验的专门教学方法。它来源于教学实践和企事业单位的职业实践，以服务职业实践为最终目的。

第二，它是未来劳动者能力结构的要求。技术发展水平、产品结构和劳动组织方式决定了职业教育的培养对象——未来劳动者的能力结构。对劳动者的整体素质期望的提高，决定了在总结和完善传统的传播知识、传授技能的教学方法的同时，还必须开发研究适应现代技术和社会要求的、新的能力和素质培养方法。随着计算机的普遍应用，纯体力劳动和操作技巧在许多职业活动中的重要性愈来愈小，有些教学方法已经很难说清楚是理论教学方法还是实习教学方法。但是，有一点是共同的，那就是现代职业教育教学方法都是以培养综合从业能力为目标，具有很强的职业实践性。实践教学方法体系在职业教育教

学方法中占据着最为重要的地位。

第三，它是职业教育组织形式的要求。现代职业教育有纯学校式、企业内岗位培训和校企结合等多种组织形式，每种组织形式都离不开企业的参与，特别是参与教学过程。因此，现代职业教育对教学方法也提出了不同于纯学校教育的特殊要求，提出了教学领域的新课题，如企业劳动岗位多种能力的培训方法、企业中的理论教学方法和学校是以行动为导向的教学方法等，这些都不同于传统的学校的课堂教学方法。

第四，它是职业教育课程设置模式的要求。职业教育的课程设置模式与教学方法有着直接的联系。我国目前职业教育中普遍采用单纯传授知识技能、课堂教学程式化、单一化的教学方法是学科式课程设置的必然结果。而现代职业教育普遍采用非学科式的课程设置模式。没有了学科式的课程，学科教学方法也就被综合实践能力培养教学方法所取代。因此，职业教育教学方法与普通教育的教学方式区别也更加明显。

第五，它是来自现代技术和社会发展的挑战。随着现代技术和社会的不断发展，人们的职业劳动，以及职业生涯都在发生着深刻的变化。传统的靠熟练动作创造价值的劳动越来越多地被机械所替代，监测和维修等复杂工作岗位和以心智技能为主的劳动越来越多；单一工种不断被复合工种取代，简单职业不断被综合职业取代。这种变化了的职业劳动，对劳动者的能力要求越来越高，它要求劳动者不仅具备动作技能，更需要具备一定程度的计划、判断决策、分析复杂系统和问题的能力以及相互合作的品质等。

随着信息技术的迅猛发展，现代社会已是一个信息密集的社会。教育者很难把全部“存储的信息通过一次性的学校教育全部传授给受教育者；受教育者也不可能在一次性的教育培训中获得从事本职业所需要的全部“存储”，不可能指望一次性学习所掌握的知识技能受用终身。因此，掌握不断开发自身潜能和适应劳动力市场变化的能力也成为当今教育教学的重要目标。联合国教科文组织也明确指出：“学会求知、学会做事、学会共同生活和学会生存”是现代教育的四个支柱。迎接现代技术和社会发展的挑战，构建职业教育教学方法体系就必须以实践为导向，立足于学生职业能力的培养。

四、构建、选择和运用职业教育专业教学方法的依据

随着现代科学技术的进步和人类知识积累速度的加快，为把越来越多的知识简捷而顺利地传授给受教育者，需要进一步改进传统的教学方法并创建新的教学方法体系。现代教育技术的使用，以及教育学、生理学、心理学的新成就，为构建、选择、运用和发展教学方法提供了良好的条件。为此，必须清楚影响与制约教学方法的几种因素。

1. 教学目标与任务决定教学方法

教学目标是教学预期的结果，是教学必须达到的目的。它体现了师生全部活动的出发点、过程和归宿。教学方法本来就是实现教学目标的方法，选用什么方法，当然要由教学目标决定。从宏观的教学系统看，教师和学生都在规定的培养目标范围内活动。因此，职业教育专业教学方法体系的构建与发展，必须服务于职业教育培养目标的要求。从微观的具体教学看，职业教育专业教学方法是达成专业教学目标的手段。因而，方法的选用，应根据专业教学目标来考虑，目标不同，选用的方法也不同。有效的教学方法，必须从教学目标出发，为教学目标服务。

2. 课程性质与内容制约教学方法

教学方法的选择与运用，往往会受专业特点、课程性质与教学内容的制约。专业要求不同，课程特点不一，所选用的方法也随之而异。没有对教学内容的充分把握，教学方法的选用就是无的放矢。职业教育专业课程体系中包括不同类型的课程，其课程内容具有不同的内在逻辑和特征，不同性质的课程各有自己常用的教学方法。不同的课程因其性质与特点不同，常常采用不同的方法。在同一课程的不同教学阶段或不同教学内容中，往往也采用不同教学方法。正因不同内容有其各具特色的不同方法，才使课程教学异彩纷呈。

3. 学生年龄与知识水平影响教学方法

教学是师生间错综复杂的理性活动。教师的教法必须通过学生的学法来体现；而学生的学法又是在教师精心指导下逐步形成的。学生是教育对象和学习发展的主体，是教学活动取得最后效果的决定因素。因此，得体的教学方法，必须与学生的年龄特征、知识水平和学习方法相适应，这是构建与选用教学方法妥当与否的关键。对不同年龄、年级、知识基础、能力水平的学生应采用不同的教学方法。青年学生更多的是接受陈述、展示、模拟训练和示范操作的练习；成年人可能更喜欢讲解、讨论和通过案例教学分析与解决问题的方法；对缺乏感性认识基础或认识不够充分者，宜选用直观演示法；对已有自学能力或习惯者，在运用讲授法时可“点到为止”。不同年龄、不同文化背景和不同实践经验的学习者，均有不同方法的选择倾向。在选择与运用教学方法时，应注意理解和照顾学习者对教学方法的心理倾向。当然，选用教学方法绝非只是消极地适应学习者的现有水平，应在调动其积极性的前提下，选择能促进其智力发展的有效方法。培养学生独立学习的能力，是职业学校一切教学活动的一个重要出发点。“教是为了不教”，从某种意义上讲，教学方法的选择和运用，归根到底是为培养学生独立学习能力服务的。现代职业教育应使受教育者具有不断开发自身潜能和不断适应劳动力市场变化的能力。这既是学习方法研究目的之所在，也是教育方法运用的功能之所在。

4. 教育技术与手段改进教学方法

教学方法是师生为完成一定的教学任务，在共同活动中所采取的教学途径和手段。它常常表现为教学活动某个侧面的一系列操作活动。因此，利用一定的教育技术（媒体技术、信息技术等）应是题中应有之义。现代教学手段，特别是以计算机和网络技术为核心的现代教育技术不断向纵深发展，正越来越深刻地改变着教师教的方式与学习者的学习方式。它既为教学内容增添了新的内涵，更使教学方法产生了革命性变化。因此，不可回避地要研究如何恰当地借助这些手段，改进并完善教学方法。

5. 教师个性与风格支配教学方法

教师是教学方法的运用者、控制者，在选用教学方法的过程中起着主导作用，可以说教师支配教学方法。但是，信念、标准、风格、文化素质、个性特点等又影响着教师内在的思维过程，制约着教师对教学方法的选用。因而，教学方法只有适应教师的素质条件，能为教师所掌握时，才能发挥其作用。也就是说，得心应手的教学方法，来自于教师的扬长避短、发挥个人的特长与优势、采用与自身条件相适应的教学方法。所以，教师自身的特点也是选择和运用教学方法的重要依据。首先，教师自身的素质条件，应成为选用教学方法的重要因素。比如，为了说明一个理论问题，形象思维水平较高者，就可先用生动形象的语言把问题的事实和现象描绘得有声有色、生动具体，而后揭示其内在规律；不善于具体形象语言者，则可在直观教具演示与讲解配合下，引导学生仔细观察、思考，同样能达到教学目标要求。其次，教师应根据自身特点、教材特点、学生特点，探索有效的教学方法，不可在自己熟悉的教学方法上“裹足不前”。

6. 学校环境与条件限制教学方法

构建和选用教学方法，尽管主观因素是先决条件，但不能忽视客观因素，如时间、空间、基础、设施等。因为任何一种方法的运用都是教学体系中一系列因素的有机结合，其中客观的环境与条件也是选用方法的必要前提和基础。教学方法离不开特定的教学环境和条件的支持。比如：城市与农村、工矿区与居民区……环境不同，设施有异，在此可采用参观法、实训法等，在彼则只能运用讲述法、演示法。再如，讨论法、发现法的运用，需有较充裕的时间，它对复杂的教学内容来讲又往往是不现实的。又如，从硬件环境看，要展示某一实验现象时，就需要相关的实验设施和熟练的教辅人员；从软件环境看，有的需要一套好的录像材料，当然还要有能播放这些录像教材适合的教室和光线。客观条件，有些是经过努力可以达到的，而有些却是难以做到的。因此，对教学方法的选用，应进行适当的灵活处理，以弥补客观条件之不足。

综上所述，教学方法与目标、内容、学生、教师、条件、环境等有着不可分割的联系。找准这种联系，也就找到了构建、选择和运用职业教育专业教学方法的科学依据。

第二节　职业教育农村经济管理专业教学方法分析

专业教学离不开对职业、技术和劳动组织的分析，职业的变化、技术的变迁和与职业岗位相关的劳动组织形式的变化对农村经济管理职业教育和教学具有重要的影响。

一、职业、技术和劳动组织的发展对农村经济管理专业教学的影响

1. 职业的发展促进了农村经济管理岗位职业能力要求的变化

职业研究是专业教学核心内容和教学法研究的起点。职业教育的农村经济管理专业教师应熟悉农村经济管理职业的现状与发展趋势，了解农村经济管理职业的工作内容与知识、技能要求。

改革开放三十多年使我国农业产业和农村经济得到了长足的发展，农业、农村经济的发展带来了农村经济管理职业的发展。主要表现在：农业产业化程度的提高，使农业产业链延伸，分工进一步深化。一方面直接从事农业生产的劳动者减少，另一方面服务于农业产前、产中、产后的专业性人才增加。如江苏、浙江等地水稻生产已出现提供统一供秧、统一插秧、统一防治病虫害、统一收割等专业化服务的公司；当前全国各地的专业的农机服务合作社也呈快速发展态势，到2008年底，全国共有工商登记注册的农机专业合作社7 960个，从业人员26.8万人；在农产品流通领域活跃的着大批的农民经纪人、农产品储运商和农产品营销员，据中国农产品流通经纪人协会统计，目前全国已有农产品经纪人600多万人，加上季节性的从业者则高达1 000多万人。社会分工是职业产生的基础和条件，我国农业产业链和农业生产内部分工的发展催生着新的农村经济管理职业的诞生。

从事中等职业教育的农村经济管理专业教师应准确把握我国农村经济管理职业的发展趋势，认真研究新型农村经济管理职业岗位的职业能力要求，将岗位工作过程转换为学习领域，设计教学活动，使学生了解新的农村经济管理职业工作的形式和内容，培养适应新型农村经济管理职业岗位要求的各层次农村经济管理职业人才。

2. 技术的发展加快对农村经济管理专业教学内容更新要求的步伐

进入新世纪以来，生物技术、计算机技术、通信技术、互联网技术、经济管理技术等都得到了快速的发展，技术的进步带来了农村经济管理人员职业能力要求的变化。这要表现在两个方面：一是要求从业人员掌握的技术内容增加，二是要求从业人员的再学习能力增强。以现代职业化种植农户岗位为例，职业化的农户的农业生产不再是以自给为目的，生产就是为市场供给，因此经营决策对其来说非常重要，农户不仅要掌握基本的农业生产技术，还应掌握新的生物技术知识、掌握安全生产技术、产后商品化处理技术，科学的经济决策技术、合理的农产品成本核算技术、农产品网络营销甚至期货交易技术等多种经济管理类技术和知识，提高自己的经营能力。同时，随着科技的发展，新技术的更新换代周期也不断缩短，这要求职业化种植农户要增强再学习能力，了解各类新技术的发展趋势，使自己的职业能力适应技术发展的要求。

从事职业教育的农村经济管理专业教师要认真研究技术发展对农村经济管理职业的影响，理解技术的使用价值，从专业内容中去寻找并确定有重要意义的与职业相关的教学内容，选择有效的教学方法，合理设计安排在专业教学中。

3. 农业劳动组织的发展促进农村经济管理职业岗位的任务的演变

农业劳动组织有狭义和广义之分。所谓狭义的农业劳动组织，即农业产中的劳动组织，也就是农产品生产过程本身的劳动组织；广义的农业劳动组织是指社会性的农业劳动组织，即从生产农用生产资料到农产品及其加工产品的最终消费的劳动组织。建国后，我国的狭义的农业劳动组织历经互助组、初级社、高级社、人民公社和农户家庭承包等不同的组织发展阶段。目前，在农业生产环节，家庭仍然是最主要的劳动组织形式。但随着农业生产力的发展，直接从事生产的劳动力数量不断下降，因此，狭义的农业劳动组织成缩小趋势。党的十五届三中全会指出："从实践看，家庭经营再加上社会化服务，能够容纳不同水平的农业生产力，既适应以手工劳动为主的传统农业，也能适应采用先进科学技术和生产手段的现代农业，具有广泛的适应性和旺盛的生命力"。可见，农业在内的社会生产力和社会分工的发展带来了广义农业劳动组织的规模的不断扩大，各类专业合作社、农业生产社会化服务组织等新型的农业劳动组织在农业产业化发展中的作用将越来越突出。

农业劳动组织的变化将决定工作岗位层次的变化和岗位性质变化，也决定相应职业教育的培养目标和内容。如同样是农村会计岗位，过去的农村会计岗位仅为村委会下设岗位，而农业合作经济组织作为新型的劳动组织形式，也可能设会计岗位，但两个岗位的工作任务和内容，以及岗位归属是有所区别的。因此，从事职业教育的农村经济管理专业教师要关注农业劳动组织发展对农村经济管理岗位的影响，更新教学内容，培养符合农业劳动组织变化趋势的中等农村经济管理职业人才。

二、农村经济管理专业教学法概述

1. 农村经济管理专业教学法的内涵

在职业教育理论研究中，专业教学法是专业教学论的重要组成部分。教学方法是教师为达到教学目的，传递教学内容，促进学生完成学习任务而采用的教学方式和技能。农村经济管理专业教学法可视为为实现农村经济管理专业教学目标，在农村经济管理专业课程教学过程中采用的师生间的互动形式、教学内容的传递手段以及引导学生学习的途径及教学方式的总和。

2. 农村经济管理专业教学法分类

与普通教学法相对应，农村经济管理专业教学法也可分为两大类：一类是传统的以教为主的教学法，如传统讲授、讨论式讲授、讨论、研讨、练习、小组工作等。另一类是现代的以学为主的教学法，主要是行动导向的教学法，包括项目教学法、案例分析教学法、模拟教学法、引导文教学法、张贴板教学法、考察教学法等。

传统的专业教学中教学法注重“教的方法”，重视学生对概念性知识的掌握，对原理性知识的理解，讲授、反复学习和反复练习等形式是最普遍的做法。现代意义的专业教学法更多的侧重“学的方法”，强调教学设计是以学生为中心，认为教学主要是学生的学习行动，强调学生对涉及经验和策略的过程型知识的掌握，并通过学生的行动获得知识的自我构建，教师则从知识的传授者的角色成为一个咨询者、指导者和促进者。

传统的教学方法中也有师生互动的讨论，但教学的目的是希望学生加深对知识的巩固。在传统教学法中学生主要是通过记忆的方式掌握知识，而行动导向的教学法教学中，学生则是在教师的帮助和指导下通过自己的探索，在行动中掌握知识和增长经验，实现知识的自我构建。

三、职业教育农村经济管理专业教学法选择的原则

从职业、技术、劳动组织发展对农村经济管理专业教学改革的要求出发，农村经济管理专业教师在教学方法选择方面，要大胆改革，学习新的教学理念，开发新的适合新时期农村经济管理职业教育目标的教学方法，促进传统教学法与现代教学法在专业教学中的融合和互补，提高教学质量，为培养实用型农村经济管理职业化人才服务。总体来看，在专业教学方法的选择方面应遵循以下几条原则：

1. 符合农村经济管理职业岗位知识特点

“职业教育的专业教学，是与职业或职业领域以及职业或职业领域里的行动过程紧密联系在一起的”[1]。农村经济管理职业工作过程决定职业教育经济管理类知识应更多强调的是应用性，要求学生思维开阔，知识面广，分析问题的综合能力强。农村经济管理类的专业课程知识多偏向文科性质，与理科知识科学严密性、假设严谨性、结果唯一性、操作论证性等特点不同，多与实际联系紧密，解决问题的方法途径多元性，答案也是开放性的，不具有唯一性。因此，职业教育的农村经济管理专业教学法设计和选择应以农村经济管理职业岗位知识、技能为核心，借鉴先进的职业教育专业教学法理论，构建有别于农村经济管理普通高等教育的教学方法体系。

2. 以促进农村经济管理人才职业能力培养为目标

农村经济管理职业教育的人才培养目标是农村经济管理劳动者职业能力培养。根据德国联邦职教所的定义，职业能力是“人们从事一门或若干相近职业所必备的本领，是个体在职业工作、社会和私人情境中科学的思维、对个人和社会负责任行事的热情和能力，是科学的工作和学习方法的基础”[3]。这说明职业能力要求从业者不仅具备从事某项职业活动所需要的技能和相应的知识，还应具有在变化了的环境中重新获得新的职业技能和知识的能力。以农村会计岗位为例，过去的会计工作工具是纸质的账簿、人工记账、算盘计算，而计算机技术的发展，新会计制度改革，对会计的岗位能力的要求发生了巨大的变化，这要求农村会计人员随技术的发展更新技能和知识，同时各类不同农村经济组织的会计业务有所区别，也要求该岗位从业者具备知识迁移能力和跨专业的能力。因此，对农村会计类课程的教学，不仅应使学生掌握一般会计原理知识，还可通过案例教学法、角色模拟教学法、项目教学法等使学生通过行动体会会计知识在不同岗位上的迁移，真正学会如何做好不同岗位上会计工作的要点，培养学生的综合职业能力。

3. 重视设计导向的职业教育思想在教学方法中的应用

德国是世界职业教育最发达的国家之一，在职业教育和教学方面有许多先进理念和成功的实践经验值得我们借鉴。以设计为核心的职业教育思想是德国主流的职业教育思想，该思想认为“职业教育培养的人才不仅要有技术适应能力，而且更重要的是有能力本着对社会、经济和环境负责的态度，参与设计和创造未来的技术和劳动世界”[1]。在设计为核心的职业教育思想的指导下，德国学者将职业能力视为专业能力、方法能力和社会能力的融合，提出职业教育的专业教学不仅要确定教学对象和教学内容，还应包括对专业的职业能力分析和开发。对教学方法的选择，德国学者认为能力产生于受理论引导的实践活动，因此“教学方法不应当被理解为是孤立的，针对简化、复制的模型作调整和几乎不能给学生打开行动空间的授课技术，而是以情境和范例的形式去做安排和设计”[1]。从事职业教育的农村经济管理教师也应重视设计导向的思想在专业教学法中的应用，在农村经济管理专业教学过程中，教师应注意将真实的职业环境与学习环境紧密结合起来，创造一个整体的学习情境，设计有效的教学方法，达到帮助学生掌握对职业行动具有重要作用的知识和技能的教学目标。

四、行动导向教学在农村经济管理职业教育中的重要意义

1. 行动导向教学符合职业教育的农村经济管理知识结构的要求

知识可以分为两大类，一类是涉及事实、概念以及理解、原理方面的陈述性知识，另一类是涉及经验以及策略方面的过程性知识。事实与概念解答的是“是什么”的问题，理解与原理回答的是“为什么”的问题，而经验是指“怎么做”的问题，策略强调的则是“怎么做更好”的问题。由专业学科构成的以结构逻辑为中心的学科体系，传授的是实际存在的显性知识，即陈述性知识，主要解决“是什么”和“为什么”的问题，是培养学科型人才的有效途径；由实践情境构成的以过程逻辑为中心的行动体系，强调的是获取自我构建的隐性知识，即过程性知识，主要解决的是“怎么做”和“怎么做更好”的问题，是培养职业型人才的有效途径。职业教育的农村经济管理专业属于职业人才培养范畴，因

此，课程教学内容应以过程性知识教学为主，陈述性知识教学为辅，行动导向的教学方法更适合以掌握过程性知识为主的农村经济管理专业知识结构的要求。

2. 行动导向教学有利于形成教师、学生、教学环境间的良性互动

行动导向的学习，是指由师生共同确定的行动产品来引导教学组织过程，通过主动和整体的学习达到脑力劳动和体力劳动统一的学习方式。行动的基本特征是学生可从多种可能的行动方式中选择自己的方式，在行动前可对行动可能产生的后果作出预测，并通过有计划的行动，有意识有目标地去影响行动的后果。整个行动过程突出以学生为中心，以学生兴趣为教学组织的起点,并要求学生自始至终参与教学全过程。在教学组织方面，学生、教师与学习环境间呈现新型的“三角双向”的教学模式，即在学生与教师之间、学习环境与学生及教师之间构建一个良性互动的关系，以保证预期教学目标的实现。

3. 行动导向教学有助于培养农村经济管理专业学生的职业能力

行动导向教学的目的在于促进学习者职业能力的发展，其核心在于把行动过程与学习过程相统一。它通过有目的地、系统化地组织学习者在实际或模拟的专业环境中，参与设计、实施、检查和评价职业活动的过程，通过学习者发现、探讨和解决职业活动中出现的问题，体验并反思学习行动的过程，最终获得完成相关职业活动所需要得知识和能力。

参考文献

[1] 徐国庆. 职业教育原理[M]. 上海：上海教育出版社，2007.

[2] 李向东，卢双盈. 职业教育学新编[M]. 北京：高等教育出版社，2005.

[3] 刘春生，徐长发. 职业教育学[M]. 北京：教育科学出版社，2002.

[4] 姜大源. 当代德国职业教育主流教学思想研究[M]. 北京：清华大学出版社，2007.

[5] 吕忠宝. 项目教学法与传统教学法的比较[J]. 科技信息，2007（9）.

[6] 赵志群. 对职业能力的再认识[J]. 交通职业教育，2008（3）.

[7] 张红安. 中国农业劳动组织：历史与超越[J]. 学海，2007（2）.

[8] 陈华山. 论农业劳动组织规模及其变化的规律性[J]. 经济评论，1992（5）.

下　篇

专业教学方法应用

中职层次农经教育虽然重点在于培养农村经济管理的实用性人才，强调实践能力的培养，但中职农经教育又不同于其他技术性和操作性很强的中职专业教育，这个专业培养的人才需要具备的是柔性技术，需要更强的创新性和综合思辨能力，需要更强的知识的迁移能力。因此，专业人才培养的特点要求农村经济管理专业学生需要掌握了丰富的专业基础知识，只有基础扎实，知识面宽的学生，才能准确发现问题、正确分析问题，明确提出解决问题的对策，才能成为具有较强职业能力的农村经济管理人才。鉴于农村经济管理专业与其他专业相比较的软科学属性，为更好培养中职农村经济管理专业学生的职业能力，编者设计了七种适合农村经济管理专业课程采用的教学方法，这些方法既包括适合文科知识特点的、有利于开拓学生思维的讨论教学法，适合会计、统计学课程教学的练习法、模拟教学法，以及适用范围广，经济管理类课程常用的案例教学法，也引入了引导文法、考察法、项目教学法等一些新的现代行动导向的教学方法，各类教学方法适用不同的教学环境、课程性质和教学目标，每种方法选择了两个示例对方法的教学过程进行了详细的阐述，以便读者领会和应用。

第六章　农村经济管理专业讨论教学法

讨论法是指在教师指导下，学生以小组或全班为单位，为解决某个问题，各抒己见，通过讨论或辩论活动，获得知识或巩固知识的一种教学方法。

第一节　讨论教学法概述

1. 讨论教学法的意义

讨论法要求全体学生都参加活动，可以培养合作精神；通过集思广益、互相启发、互相学习、取长补短，能加深对学习内容的理解；可以激发学生的学习兴趣，提高学习热情；还能培养学生钻研问题的能力，提高学生学习的独立性。

2. 讨论教学法的形式

讨论法有学习新知识的讨论与复习巩固旧知识的讨论之分，它既可以单独运用，也可和其他方法结合运用。学习新知识的讨论法，需要学生具备一定的基础知识和一定的理解能力、独立思考能力。复习巩固旧知识的讨论法，需要学生具备相应的旧知识，以及识记、再认和回忆的技能、技巧。

3. 讨论法的基本要求

① 讨论的问题要有吸引力。选好问题是讨论的前提，问题要有吸引力，能激起他们的兴趣，有讨论、钻研的价值。

② 要善于在讨论中对学生启发引导。要启发他们独立思考，勇于发表自己的见解，把大家的注意力集中到讨论的主题和争论的焦点上，引导讨论向纵深发展，研究关键问题，以便使问题得到解决。教师不要暗示问题的结论。

③ 做好讨论小结。讨论结束前，教师要简要概括讨论情况，使学生获得正确的观点和系统的知识，纠正错误、片面或模糊的认识。

第二节　讨论教学法专业应用一

一、讨论教学法案例一

本案例以中职农村经济管理专业基础课程“农村经济”教学中采用讨论教学法为

例，分析讨论教学法的教学过程设计和教学目标。

1。教学对象

农村经济管理专业一年级学生，正在进行“农村经济”课程的学习。

2。教学目标

理解农业生产特点、农产品的特性、农产品市场需求的特点，复习市场经济供求原理、影响农产品需求的因素，影响农产品供给的因素，农产品需求弹性原理、交易成本等经济学知识在农产品市场中的应用；锻炼口头表达能力、相互学习合作能力等，达到帮助学生提高对所学知识的理解能力，巩固所学的经济学基础知识的教学目的。

3。教学内容

结合所学经济学基础知识，讨论农产品价格波动的原因。

4。教学媒体及工具

多媒体教学工具、纸质引导材料、网络，白纸、粉笔、黑板。

5。实施过程与步骤

① 引入讨论主题。教师可设计引入讨论主题的各种情境。最简单的方法是开门见山的给出讨论主题，但直接的布置主题容易让学生感到无从下手，影响讨论效果。较好的方法是借用媒体或工具导出讨论主题，如教师可事先在网络搜集与农产品价格波动问题相关的素材，准备好讨论引导材料，讨论前发放引导材料纸的方法，引出讨论主题；在有多媒体教学条件的情况下，将文字与画面结合做成PPT文档进行多媒体演示导出讨论主题，生动的画面容易引起学生的讨论兴趣。另外，在条件允许下，教师可以借助网络，当场搜寻时效性强的有关各地农产品“价格上涨”或“卖难”的新闻，提升所讨论问题的重要性，表明讨论的价值，生动的事例引发学生参与讨论的动机。

情境设计：

老师提出讨论主题：从经济学角度讨论农产品市场价格波动产生的原因。

短暂讨论中……（倾听自由发言）

学生甲：农产品价格波动就是供求不平衡，供过于求价格下跌，供给减少，价格上涨。（学生可能首先想到的是产品供求矛盾）

学生乙：农产品属于需求价格弹性小的商品，需求较稳定，而农产品生产具有自然风险，如旱灾、洪涝灾害等，带来供给不稳定，当供给不足价格就会上涨。

学生丙：农产品产品属性特点是产品供求短期失衡的主要原因，如成熟期集中，产品不易储藏，鲜活易腐，容易变质等，容易造成短期和或季节性供给过剩，带来价格下降。

老师：大家都说得很好，我们已对农产品的特点有较准确的认识。（讨论点评人）

老师：（继续启发提问）根据我们所学的经济学知识，产品均衡价格的形成是供求双方的力量的结果，农产品价格的波动则意味着价格偏离了均衡，那么，影响农产品供给的因素有哪些？影响农产品需求的因素有哪些呢？它们是如何影响农产品价格的变动方向的呢？我们来看一些近期的农产品市场价格波动情况的资料。（讨论辅助者）

老师导入讨论辅助材料，要求学生根据材料提供的多方面的信息，结合所学知识，开拓思维，深入讨论，并将讨论的组织转入下一阶段。

引导材料一PPT演示：

香蕉严重滞销 弱质产业需扶持

天气转冷,香蕉价格应声下跌。

11月21日早上,在凛冽的寒风中,记者驱车赶往广西最大的香蕉生产基地——南宁市西乡塘区坛洛镇,一路上随处可见蕉农在焦急地叫卖香蕉的场景。

据了解,今年广西香蕉的种植面积约106万亩,比上年增加15万亩,但由于采用了良种良法,今年香蕉大丰收,总产量将达210万吨,比上年增长116.4%。

广西香蕉为何滞销?正在坛洛收购香蕉的河北采购商卢相的告诉记者,北方暴雪和南方寒潮的提前到来,是造成香蕉滞销的主要原因。今年北方提前1个月连降暴雪,南方部分省市也出现了降雪和寒潮天气,造成局部交通受阻,总体运力跟不上。"更重要的是,寒冷的天气,降低了消费者对香蕉的需求。"张明沛说。广西70%的香蕉销往北方,北方出现长时间冰雪天气后,消费者出行不便,购买意愿降低,造成销区出现库存积压。此外,香蕉北运后催熟困难,经营风险增大,许多收购商不敢冒险经营,从而造成了香蕉售价下跌。

我国香蕉市场格局的变化,也加剧了销售的紧张。近年来,云南扩种香蕉,新植蕉与广西同时段上市,且起步价偏低,这对广西香蕉形成了冲击。另外,广东、海南去年的部分受灾蕉园补种后与广西熟期相同,在一定程度上拉低了广西乃至全国香蕉的价格。

香蕉是国际贸易中的大宗水果,年交易量居各类水果之首,交易金额排名第二。尽管我国香蕉产业发展前景广阔,但这次广西香蕉滞销事件仍暴露出不少问题。专家们认为,香蕉产业是个弱质产业,要想摆脱弱质的局面,还有许多工作要做。

"首先,应加强香蕉等热带水果产销预警体系建设,加强市场监测,及时掌握市场动态。"广西壮族自治区商务厅厅长刘树森认为,除广西等南方省区应加快产销预警体系建设外,可将香蕉列入东北、华北、西北等主销区监测日报项目,及时掌握各地香蕉需求及价格情况,引导做好全国香蕉产销工作。

"如果我们有足够的香蕉冷藏设施,应对这点天气变化根本不成问题。"广西壮族自治区副主席陈章良举例说,同在隆安县的金穗公司,由于建有冷藏库,并抓好规模化、标准化生产和品牌经营,至今每公斤香蕉仍保持1.7元的售价。因此,他认为要进一步加强冷藏设施和大型批发市场建设,同时要大力培育大型龙头企业,切实帮助蕉农提高应对市场风险的能力。

加工能力不足,产业链条过短,也是困扰我国香蕉产业发展的一大难题。产业链条短、产品加工程度低、附加值不高、受市场波动影响大。

22日上午,由国家发展与改革委员会、农业部、商务部、交通运输部组成的联合调研组在南宁召开座谈会,探讨应对广西香蕉销售困难的对策和措施。专项香蕉运输补贴资金已开始直接补贴给司机。在气温回升和综合措施的影响下,22日,广西香蕉的销售价格已比21日上升了10%。

节选自2009-11-23《人民日报》

引导材料二PPT演示：

透视农产品涨价背后的"利益链"

进入5月以来，节节攀升的农产品价格已成为舆论关注的焦点，而其中的"佼佼者"当属绿豆。国家统计局公布的数据显示，去年10月份，新上市时9元1公斤的绿豆，到今年

5月份已涨到了20元1公斤；去年5月之前的两年间，绿豆价格每公斤只涨了2元，而今年则一下子每公斤涨了十来元。

绿豆暴涨也带动了其他杂粮品种跟风涨价。与去年同期相比，目前糯米价格上涨了七成；黑豆价格从去年同期七八元1公斤上涨到目前20元1公斤；薏米则从去年同期10元1公斤左右上涨到了40元1公斤，涨幅都在2至4倍。发改委副主任彭森认为，一般情况下，农产品价格上涨的长期原因是供求关系的变化。一方面，在我国工业化、城市化的过程中，减少了城市郊区农产品种植面积，进而影响供应；另一方面，原来的农民进城打工，从生产者变成了消费者，居民收入提高，吃菜、吃肉的比重也增加了。此外，蔬菜生产基地从大城市郊区逐步转向外地农村，流通环节增多、运输成本增加和劳动力成本上升也是重要原因。

不过，他强调，这些长期因素只会促使农产品价格缓慢上涨，而不是短期内大幅上涨。今年部分农产品价格大幅上涨的特殊原因，一方面是今年以来气候条件不利，西南地区大旱、中东部地区持续低温，蔬菜、大蒜、绿豆的生产、供应受到较大影响；另一方面，也有社会资金利用大蒜、绿豆等农产品产地集中、季节性强、产量下降、市场信息不对称等特点，恶意囤积，哄抬价格，严重扰乱市场秩序的因素。

节选自2010-06-08《上海金融报》

引导材料三PPT演示：

农产品价格上涨该怎么看？

针对去冬今春蔬菜价格的上涨，农业部市场司巡视员隋鹏飞在农业部5月28日举办的新闻发布会上指出，灾害性天气对价格上涨的贡献为50.8%，劳动力、运输及经营成本增加的贡献为31.7%，城乡居民消费增长的贡献为12.7%，个别产品生产波动等其他因素的贡献为4.8%。

有专家认为，农产品价格上涨主要是在流通环节。赵尔烈指出，现在70%至80%的鲜活农产品都是通过批发市场、集贸市场和社区菜市场这样的传统渠道，但这条主渠道的现代化和组织化程度太低，比如冷库是有点无链，导致整个运输、储存、销售环节损耗大、费用高，产品质量也得不到保证。

针对流通环节存在的问题，农业部目前正在推动主产区的农民专业合作社和经销商直接对接，通过多种形式促进农产品的市场流通。隋鹏飞表示，将发挥大型市场和经销商的作用，密切产销对接，推动落实绿色通道政策，降低流通成本，提高流通效率。商务部和农业部从2008年开始启动“农超对接”试点工作，计划到2012年，试点企业鲜活农产品产地直接采购比例达到50%以上，减少流通环节，降低流通费用，并建立从产地到零售终端的鲜活农产品冷链系统。目前，一些试点地区通过“农超对接”，让菜农和消费者都得到了实惠。

流通环节不仅需要产销对接这样的“瘦身”，还需要和生产环节做好对接，保持农产品信息的畅通和有效。赵尔烈说，农民和经营户所获得的信息不对称，而且由于农产品标准化、品牌化程度低，产品的品种、规格和价位不能有效地对应起来，价格信息的作用大打折扣，从而无法形成很好的价格机制。

节选自2010-06-03《农业信息报》

② 明确讨论形式。通过PPT将讨论主题导出后，接下来老师要确定讨论形式。本案例中的讨论形式是集中式讨论，即确定唯一的讨论题目，分小组独立开展讨论，然后展示讨论成果。这种讨论方式虽然讨论题目唯一，但学习过程仍是开放性的，各小组讨论的视角、方法、过程乃至分析结果都可能不同。

③ 合理分组。明确讨论为集中式讨论后，接下来教师要对教学对象进行合理分组，主要确定如何分组和每个小组成员数量。小组成员得数量可以由教师根据学生总数自行决定，根据群体理论，每个小组成员在5～7名比较合理。而对分组方式的确定，可以采用学生自由组合的方式确定各小组成员，该方法的优点是尊重了学生的意愿，有利于提高大家参与的积极性；缺点是可能出现各小组之间力量不均衡情况，影响讨论整体效果。也可以采用教师决定法确定小组成员，该方法的优点是分组结果更合理科学，缺点则是小组成员间共同努力程度较自愿组合低。折中的处理是可以在尊重学生自主意愿的基础上，教师提出具体约束条件，由学生自我分组。如教师可从以下几个方面考虑编组约束条件：首先是学生的性别搭配。性别混合不仅在知识的认知、思维的逻辑方面能够互补，而且在讨论的组织、合作效果方面也有促进作用。其次是学生的能力搭配，将具有不同能力的学生组合在一起，也有助于个人优势的显现。第三，可考虑学生的成绩搭配，将成绩好、中、差等不同层次的学生编入一个小组，保证小组的整体水平的均衡性，有利于讨论的顺利开展。

④ 明确讨论空间和时间。为保证小组讨论顺利进行，根据小组个数，可以确定梅花型、品字形等讨论的空间安排，原则是保证每个小组间有合理的空间距离；讨论时间一般为两小节课，注意控制小组讨论和大组成果展示时间，为讨论结果评价和总结预留一定的时间。并将引导材料纸质版分发给每个小组，使讨论有的放矢，提高讨论质量。

⑤ 小组内部开展讨论。小组内部讨论可采用头脑风暴法，自我固定讨论时间，集中精力，针对讨论主题，各成员积极发言，并进行记录，整理获得一致意见。在学生讨论过程中，教师不是旁观者，而是讨论的辅助者。可走动于各组之间，聆听学生的讨论，掌握讨论进展情况，当学生的讨论内容偏离主题时，要及时使学生回到主题上来。

⑥ 讨论成果展示。此阶段教师将作为讨论的辅助者在黑板上简要记录每个小组的主要观点，为后阶段成果点评和提炼作准备。

⑦ 讨价结果评价和成果提炼。各小组展示成果后，应对成果进行评价，评价方式的选择有自我评价、他人评价和教师评价等几种。本案例中采取教师评价，评选出最佳小组，还可评选最佳表现个人，提高本次讨论教学对学生的激励性。最后，进行讨论成果提炼总结，由教师和学生一起将大家的不同认识加以罗列，并进行有针对性的分析，加以点评，帮助学生形成对问题更清晰、全面的认识，提炼出本科课堂讨论的成果，结束讨论。

在本案例教学中可从以下几个方面总结讨论成果：

- 农产品价格波动是市场经济的正常现象，波动来自供给和需求双方力量的影响。
- 影响某一农产品市场供给的因素主要有：生产成本，生产技术水平，气候等自然条件，相关商品的供给情况，政府的政策，非市场因素的影响等。这些因素发生变化，将带来农产品供给变化，在需求不变的情况下，造成产品价格变化。
- 影响某一农产品市场需求的因素主要有：消费者的收入，消费者的偏好，相关商品（替代品或互补品）的价格，消费的便利性，广告等宣传因素的影响，消费者对商品价格的预期等。

- 交易成本是影响农产品价格的一个重要因素。将分散的生产者组织起来，成立营销专业合作社，提高单个农户讨价还价的能力，有利于降低交易成本，使生产者受益。
- 除了生产成本，流通成本也是农产品供给价格的重要组成部分。缩短流通环节，提高流通效率，实现生产者和消费者的有效对接，有利于保护双方利益。
- 农产品的生产过程具有生物性特征，受生产周期制约，价格波动容易放大，需要政府建立有效的预警机制和调控机制，避免价格剧烈波动。
- 农产品本身的特殊性要求政府在农产品价格波动过大时进行干预和监管，如实施生产者价格支持制度或消费者价格支持制度，对农产品生产者或低收入消费者进行价格补贴。
- 应注意疾病疫情、突发事件、自然灾害以及人为炒作等非市场因素短期对农产品价格的影响。

6. 教学效果评价

本案例属于传统的讨论教学法的应用案例。在讨论过程中，学生对学习过的相关理论知识能够回忆和应用于讨论问题分析，达到复习巩固知识和应用知识的目的。教学过程中教师进行了适当的教学情境设计，增加了课堂教学丰富性和生动性，调动了学生的参与积极性。但是本案例的教学目的是强调学生对所学知识的掌握，对学生解决实际问题的能力的训练还比较欠缺。

二、应用分析

1. 应用条件

① 教学内容条件。教学内容要与教学目标一致，与教学方法适应。本案例讨论内容是农村经济课程中的核心知识，同时具有重要的现实性，具有良好的讨论价值，适合选择作为讨论的主题。在农村经济管理专业教学中，教师在进行这类讨论教学时，可遵循主题的讨论意义、讨论的目的和农村经济管理专业学生的特点三结合的原则，选择贴近生活、贴近学生、贴近实际的话题组织学生进行讨论。如可从以下几个方面考虑：a. 选择与地方农村经济发展实际联系紧密的主题，如我家乡的现代农业结构调整规划；b. 选择教学内容中教学的重点、难点内容或学生较模糊的概念作为讨论话题，要学生查找资料，相互学习，理解概念。如什么是现代农产品物流？c. 选择对学生有教育意义的话题，如农村需要提倡环境保护吗？开展辩论等形式的讨论等。

② 学生条件。在本案例的讨论教学实施过程中，学生的前期知识掌握程度、口头表达能力、沟通能力、合作精神和意愿都对教学成功与否具有重要的影响。教师设计了教学情境，学生参与积极性不高将极大地影响讨论效果。由于教学对象为中职阶段的学生，具有思维活跃、可塑性强，对新鲜事物兴趣高的特点，学习习惯正在逐步建立中，教师要好好引导，帮助其树立正确的学习态度，积极配合，为讨论教学法的实施创造有利的学生条件。

③ 教师条件。教师条件主要体现为教师的专业知识条件和课堂管理的能力。本案例讨论教学中首先要求教师对自己讲授的课程的知识体系有较完整、系统的了解和认识。同

时，要求教师在实施讨论之前应对围绕讨论主题进行充分的准备，对讨论知识点适当拓宽和加深，保证讨论效果。如产品质量、信息沟通问题、物流费用、进口农产品的冲击等都可能对农产品价格产生影响。如果教师能准备较丰富的数据资料，在讨论过程中作为补充，有利于引导学生的学习兴趣，帮助学生加深对此知识点的掌握。其次，讨论教学中，教师要明确自己的身份，对课堂进行有效的管理，学会扮演不同的角色，如讨论的辅助者、气氛烘托者、专注的聆听者、争论的评判者和讨论的点评人、知识的启迪人等，在不同的情境下适时发挥有效的作用，提高讨论质量。

④ 教学环境条件。教学的环境条件有硬件条件和软件条件，硬件条件主要表现为教室的光线、空间大小、学生数量、是否适宜分组等，尽量满足基本硬件条件，如果大班上课，人数太多，则不适宜讨论教学的开展。软件条件主要体现师生关系和学生关系，和睦的师生关系和学生关系可以创造健康向上的学习气氛，可以使每个学生在积极的心境中完成学习的任务，也可以为教学创造一个良好的集体氛围。

2. 注意事项

① 教师树立赏识教育的观念，对学生的积极参与多鼓励。创造一种有利于学生学习的气氛，教师（促进者）充分地信任学生、了解学生、尊重学生，从而使学生在整个学习过程中都感到安全与自信，充分显露自己的潜能。

② 教师要充分准备，有效设计教学情境。讨论教学将学生视为教学活动的主体，学生积极性和能动作用的发挥，在于教师的启发和调动。教师课前要充分准备，设计有助于发挥学生参与积极性的教学情境，提高讨论教学的效果。

③ 教师要注意讨论过程中的课堂管理。在采用讨论教学法教学的过程中，教师的职责应从讲授式教学的模式中脱离出来，转向激励学生思考，充当顾问和参谋的角色，同时要注意把握现场情景，调控讨论的全过程，注意控制各阶段的时间和进度，以及讨论过程中的适时指导。

第三节　讨论教学法专业应用二

一、讨论教学法案例二

本案例以农村经济管理专业核心课程“农产品营销”课程内容进行讨论教学为案例，分析职业教育目标导向下讨论教学法应用的侧重点和教学技巧。

1. 教学对象

农村经济管理专业二年级学生，前期已学习“农村经济”课程，正在学习“农产品营销”课程。

2. 教学目标

要求学生综合运用所学营销知识，结合农业产业特点，农产品的产品特点，从营销环境的分析、目标市场的探查，到产品、价格、渠道、促销的“4P”策略的分析对所选农产品进行市场开发策划讨论。将课堂教学与“经验世界”联系起来，培养学生解决实际问题的能力。

3. 教学内容

农产品市场营销策略讨论：怎样打开家乡特色农产品——柑橘的销路?

4. 教学媒体及工具

多媒体教学工具、白板、卡片、水笔、图钉。

5. 实施过程与步骤

① 引入讨论主题。老师采用多媒体演示方式提出讨论主题，采用箭头引导，和学生一起将问题转换为引导性问题：“影响柑橘鲜果销售的因素有哪些？”，引导学生进入学习情境。

② 老师发卡片和笔给学生，让学生以关键词的形式写出影响因素。要求：a. 尽可能将字写大些；b. 每一位学生自己写，不要干涉他人或与他人交流；c. 采取匿名方式写卡片；d. 每一张卡片只写一个因素。

③ 老师将卡片归类，张贴在白板上，形成因素组。要求：a. 同类因素归为一组；b. 每一张卡片均须给学生看；c. 对每一张卡片因素不作评价；d. 在归类时，若发生不同意见时，须另写一张贴在学生认为的不同的组项里；e. 相同的卡片因素仍须张贴。归类结果如表6-1所示。

表6-1　归类结果示例

关键词归类	因 素 组
产品质量、口味、外观、颜色、大小、形状、品种、包装、品牌、产品安全性等	产品特色
分销渠道、经纪人、收购商、专业批发市场、大型超市、购买地点等	销售渠道
市场调研、市场定位、消费者的喜好、偏好品种、购买习惯、购买地点等	消费者
市场推广、宣传度、知名度、明星代言、广告等	促销宣传
种植计划、标准化生产、病虫害、绿色食品等	生产管理
其他柑橘类产品、其他水果、果汁饮料等	竞争者

④ 老师指导学生将关键词总结浓缩成几个主要因素。采用给点法方式，让学生将自己认为主要的因素给点标记，然后统计点数，确定主要因素，给点的多少视情况而定。本案例中通过给点统计，确定产品特色、销售渠道、消费者、促销宣传是主要影响因素。

⑤ 分四个小组分别讨论各主要因素存在的问题。由学生自由组合选择加入哪个小组，老师平衡各小组人数，确定小组组长，要求组长负责整个讨论进行。小组内部讨论形式可采用卡片法或头脑风暴法，每人提出一个问题的表现方面，汇总归类，整理形成小组讨论结果。

⑥ 由各组组长口头汇报讨论结果，其他组成员作补充。

讨论结果如表6-2所示。

表6-2　讨论结果示例

主要影响因素	存在的问题
产品特色	（1）产品质量稳定性 （2）产品包装无特色 （3）产品的保鲜期短 （4）……
产品宣传	（1）传统观念（重生产，轻营销） （2）缺乏有效的宣传策略 （3）宣传的经济投入程度 （4）……
消费者	（1）市场细分模糊 （2）缺乏市场调研 （3）离消费者距离较远，信息沟通不足 （4）……
销售渠道	（1）传统的销售形式 （2）交易对象不稳定 （3）产地批发市场作用小 （4）经纪人（组织）松散 （5）……

⑦ 老师将所有问题列成一个表格，采取给点法形式，要求学生确定每个因素方面要解决的主要问题。

要解决的主要问题示例：

a. 产品质量稳定性；b. 宣传策略的有效性；c. 交易对象稳定性；d. 如何更好地发挥经纪人的作用。

⑧ 再次分四个小组讨论各个问题产生的原因，并提出解决的办法。（讨论形式如前）

⑨ 最后小组长分别汇报讨论成果，教师将讨论成果列成表格，并总结讨论成绩，并可以选择真实环境的典型材料与讨论成果进行对照，体现讨论成果的现实指导意义。讨论成果如表6-3所示，

表6-3　讨论成果总结

问　题	解决问题的方法	执行部门	日程安排
产品质量稳定性	建立专业技术指导队伍，进行专业化指导，扩大标准化种植基地规模。	县乡政府、农技部门	长期执行
宣传策略的有效性	选择展会宣传、报纸新闻报道等经济有效的形式进行宣传。	县乡政府、专业合作社	近期执行
交易对象稳定性	与加工企业、大型批发商、贸易商、超级市场联系，实现订单销售。	县柑橘协会、专业合作社	长期执行
经纪人作用的发挥	加强经纪人队伍培训，建立经纪人协会组织，更好的发挥经纪人的销售中介作用。	县劳动部门	定期举行

在综合总结各组的讨论结果后，教师可用PPT演示下面的辅助材料，并将材料内容一一与讨论结果对照，分析两者的异同，通过将讨论结果与真实环境中的农产品市场开发策略的比较，发现讨论成果的不足，进一步提高讨论绩效。

附讨论辅助材料：

“农产品卖难”为何频现国内市场？

“农产品卖难”问题是一把悬在我国9亿农民头上的“达摩克利斯之剑”。20世纪90年代以来，我国大部分农产品告别了普遍短缺的时代，却又转为了当前阶段性、结构性、季节性、区域性的局部相对过剩，特别是鲜活农产品的“卖难” 现象尤为突出，成为影响我国农村社会稳定、经济持续增长的一大问题。

2008年柑橘普遍丰收，全国产量同比增长5%左右，浙江柑橘产量同比增20%左右，创历史新高，浙江仅柑橘主产区衢州今年就收获了96万吨柑橘。每年11月下旬至次年1月是柑橘销售的旺季，但今年受到金融危机影响，市场需求锐减，截至2009年1月份衢州仅售出了近19万吨橘子，占总产量的19%左右，销售形势十分严峻。浙江省农业厅经济作物管理局水果科科长孙钧认为，今年的柑橘卖难问题之所以如此突出，主要是受到两方面因素影响：一是席卷全球的金融危机；二是国内的“蛆虫柑橘”事件。与孙钧的观点不同，江西省经贸局局长程锦认为“卖橘难”的首要原因在于柑橘丰收，货源充足。以江西为例，全省柑橘面积达到450万亩，同比增加30万亩，预计产量230万吨，同比增加35万吨，为历史最高水平。在“蛆橘事件”发生前，江西各地果业部门就曾预测，今年柑橘产量增加可能造成“卖橘难”。

另外经过多年的发展，我国柑橘出口量越来越大，一方面由于国际市场购买力减弱，柑橘在国外销售锐减，造成进口商订单的计划性减弱；另一方面国外对柑橘食品安全检验要求更加严格，如加拿大对柑橘保鲜剂咪酰胺含量要求控制在0.1 PPM以下；2008年12月30日，欧盟委员会发布公告，对原产于中国的柑橘类水果罐头作出反倾销终裁，决定对我国产品征收361.4～531.2欧元/吨的反倾销税，这些都对柑橘出口形成了限制。

卖橘“难”，其实指的主要是中档特别是低档柑橘。浙江省供销合作社监事会办公室主任申屠步生指出，一些农产品品质不高，较难满足市场需求，导致了卖难现象。如今随着人们消费水平的不断提高，对农产品的品质和安全要求不断提高。由于现阶段农产品大多由单家独户生产，农产品生产组织化和标准化程度不高，农产品的规格、质量差异较大，因而影响了农产品销售。另外由于高科技在农业生产中的不断应用，新的、高品质的农产品不断涌现，一些传统的优势农产品受到极大挑战。

广东省委政策研究室主任关则文认为，只要农产品能“人无我有”、“人有我优”，就不愁卖不出去。要引导农民根据市场需求来种植适销对路的产品，如大力发展生态型、保健型的新型农产品。

过去农民是靠天吃饭，但在市场经济条件下，农民可以通过龙头企业吃饭。农业龙头企业经营模式主要表现为“公司＋基地＋农户”，龙头企业与农户通过合同，建立起稳定购销关系，形成“共生共荣”的利益共同体。这样，龙头企业就能龙头朝着市场，龙尾深入农村，引导农民根据市场需求来生产，实现生产、加工、销售一体化经营，农业、科技、工贸一条龙服务。

浙江衢州市柑橘科学研究所所长、高级农艺师刘春荣指出，决定柑橘销售情况的关键因素仍然是品质。但需要引起大家注意的是，衢州柑橘品质好，但价格却不是最高的。现在一家一户、散兵游勇式的经营已经不适合市场要求，柑橘销售要有一批人，若干个企业、基地“抱团”闹市场，按一个技术标准生产，统一品牌销售。通过几年努力，在市场上赢得好的口碑和任信度，价格和销量自然就可以上去了。

品牌的力量的确是巨大的。同样是浙江台州柑橘，“忘不了”、“岩鱼头”、“三条岭”等名牌柑橘的销售情况依然在这个“冬天”火爆喜人。以“忘不了”为例，在柑橘收获季节，台州涌泉镇“忘不了”柑橘的精品无核蜜橘竟卖到了1公斤50元的惊人价格。在上海举行的台州农产品展销会上，700多箱“忘不了”蜜橘，不到一天就被抢购一空。在合作社成立和注册了自己的品牌之前，台州涌泉柑橘的市价只在1公斤3元左右，“忘不了”品牌打响市场后，价格立刻翻倍，当年就涨到了1公斤6元多，之后每年价格都有大幅上涨，仍然供不应求。今年，最好的那一档柑橘卖到了30元1公斤。涌泉柑橘已经成为全国最贵的柑橘了。这一切，都得益于品牌战略的实施。

资料来源：http://www.sina.com.cn 2009年02月18日10:25 观察与思考

6. 教学效果评价

本案例也是对讨论教学法的应用，但在几个方面与案例一明显不同。首先讨论是以问题和决策为导向，指导学生学会掌握解决问题的流程。其次，教学过程中充分体现学生主体性，整个过程完全由学生自己完成，自己思考发现问题、分析问题、提出解决问题的策略，对学生分析、解决实际问题的能力培养是一种很好的训练。第三，教师对教学过程的设计结合了卡片教学法的优点，对传统的讨论教学法进行了有效的改造，充分体现培养学生职业能力的教学目的，与案例一相比，本案例的讨论教学过程设计对学生的职业能力培养效果更好。

二、应用分析

1. 应用条件

① 教学内容条件。教学内容要服从教学目标。本案例的讨论教学目标是要培养学生的具体实际问题的解决能力。与上一案例相比，两个案例讨论的问题可以说是同一个主题的两个侧面，但教学目标完全不同，上一案例教学目标侧重问题“是什么”，以及“为什么”，通过讨论教学巩固所学的概念性、原理性知识，涉及的知识比较宏观。本案例教学目标侧重问题“是什么”，以及“如何有效解决”，分析问题解决的策略，微观性较强。因此，教师应根据教学目的选择讨论方式，如果讨论目的是期望学生获得解决问题的经验，应选择从真实环境出发，强调问题的处理和解决策略方面的主题进行讨论。

② 学生条件。与上一案例相比，本案例对学生的要求更高，考察的是学生的综合能力。不仅要求学生掌握一般化的农产品营销知识，还要针对当地柑橘产业发展情况，分析现实中的影响因素，并提出有一定操作性的策略，要求学生能将专业知识、技能和对问题的感性认识转换为解决问题的能力和方法。

③ 教师条件。与上一案例相比，本案例对老师的要求也更高，不仅要求老师掌握比较扎实的农业经济学理论知识，对所讲授农产品营销课程内容熟悉，还要求老师要有与讨

论主题相关的丰富实践知识，如熟悉当地柑橘产业发展状况，销售情况，存在的主要问题等，以在教学过程中适当给予学生指导。同时，在教学方法技巧方面也要求更高，上一案例中教师主要对讨论过程的情境进行适当的设计，在本案例中教师要求运用卡片法、给点记分法、头脑风暴法等多种技巧性教学方法，使教学过程更生动丰富，提高教学的效果。

④ 教学环境条件。本案例也适合采用小班教学，学生人数太多，会带来课堂管理的困难。同时要求提供宽敞的教学空间，以及较大型的白板等符合讨论教学要求的一些教学辅助设施。

2. 注意事项

① 教师要适时参与讨论，提高讨论成果质量。虽然本案例重视学生能力的培养，整个过程以学生为主体，自主完成整个任务，但教师不是完全放任不管，也可参与到教学过程中去。如写关键词，教师也可写一个；在讨论主要影响因素时，若学生因知识或实践经验的欠缺，没能提炼出关键因素，教师要用适时指导；在分析解决问题的策略时，也可提出自己的见解，和学生一起讨论可行的对策。

② 教师要做好充分的准备工作。包括知识的储备和教学过程设计的准备，尽量考虑周到，使讨论在所计划的时间内顺利完成，另外熟练应用教学过程中各种方法技巧也很重要。

③ 教师要做好课堂管理工作。与案例一相比，本案例包含两轮小组讨论，教学过程较为复杂。具体可分细为五个阶段：第一阶段，集思广益阶段；第二阶段，第一轮小组讨论阶段；第三阶段，大组阶段性成果展示阶段；第四阶段，第二轮小组讨论阶段；第五阶段，最终成果总结阶段。由于有两轮小组讨论，有利于将问题分析更透彻、全面，但教师要注意课堂管理，掌握讨论进度，以及在分组方面做到迅速合理等，保证讨论有序进行。

参考文献

[1] 何金旗，喻丽，唐汇龙．讨论教学法的组织与运用[J]．保险职业学院，2005（5）．

[2] 郑金洲．教学方法应用指导[M]．上海：华东师范大学出版社，2006．

第七章　农村经济管理专业练习教学法

第一节　练习教学法概述

练习教学法是学生在教师指导下，为了巩固知识、形成技能技巧而进行反复训练的教学方法。职业学校的很多课程（如语文、外语、制图）和实习等实践教学就是使用这种方法对学生进行训练。因此，练习法对职业教育来讲是不可缺少的重要方法，也是培养学生技能、技巧的基本方法。为增强练习的效果，应认真研究如何指导学生练习的方法和艺术。

一、练习的意义

练习是一种侧重实践的学习活动，其意义在于使学生巩固和运用知识，形成技能技巧和正确的心理联想。

① 加深知识的运用。练习是一种运用知识的形式，不仅要动脑，还要通过动口、动手来加深对知识的理解、巩固和应用。

② 形成熟练的技能。练习是一种训练技能的形式，通过反复练习，才能形成技能，技能的自动化和运用自如，达到纯熟的地步就成为技巧。

③ 养成良好的品质。练习既可发展学生的记忆、思维和想象能力，又可培养学生克服困难的意志、严肃认真的态度和一丝不苟的精神，并能形成坚持不懈、持之以恒的品质。

二、练习的种类

① 集中练习与分散练习。在练习中，练习方式可以集中实施，也可分为数个段落实施。所谓集中或分散，是指时间分配而言。如预定每天练习两个小时，可以集中两小时一直不停地练习，也可以分成两段、三段甚至四段时间来完成。

② 整体练习与分部练习。整体练习是就某种技能作为一个整体、全盘的练习；分部练习又称为分解练习，是将某种技能分解成若干部分，逐一练习。

③ 引导练习与独立练习。引导练习是教师控制整个过程和指导整个团体或集体中的个人的练习；独立练习是指学生独自或在小组中练习新的技能。通常，在进行独立练习之前须有引导练习。

④ 模拟练习与实地练习。一般而言，模拟练习较经济、安全；实地练习较真实、有效。所以，通常是先做模拟练习，再做实地练习，但有时应尽量直接进行实地练习，以经历最具体、最直接的体验。

三、练习教学的要求和注意事项

① 正确运用练习方法。课程的特点决定练习的内容和方法。职业学校的各门课程几乎都需要进行练习。例如，语文课为了培养、提高学生表达能力，应安排口头和写作练习；外语课也是经常采用精讲多练、讲练结合的方式；制图课为培养绘图、识图能力，常用更多时间进行练习与测绘；至于操作技能尤需通过实训方式反复练习。

练习的效果取决于正确练习方法的运用，而任何正确练习的方法都是一定的基础知识的转化。因此，教师要首先通过讲解与示范，使学生获得练习方法和实际动作的清晰表象，然后引导学生正确地掌握练习的方法与程序。同时，要考虑练习方法的多样性，以引起学生的练习兴趣，培养学生灵活运用知识并形成技能技巧。

② 合理分配练习的次数。技能的形成、巩固和熟练需要足够的练习次数和时间。练习的次数和时间应根据练习内容和学生特点来确定。一般而言，练习的开始阶段速度要放慢，时距要短些，以后随时间推移逐渐加快，时距拉长；若练习的内容较复杂，练习的次数和时间就应增多。然而，并非练习次数越多、时间越长，效果就越好；相反，练习次数过多、时间过长，会使学生兴趣降低、态度消极、出现疲劳，从而降低练习效果。另外，随着学生年龄的增长，练习的次数和时间也应做适当调整。

③ 科学安排练习的步骤。通常，练习可分为以下几个步骤：a. 引起动机。缺乏动机的学习难以成功，尤其是技能或技术的练习，如果无强烈的动机，学生很快会产生厌烦。b. 教师示范。学生有了动机之后，教师应提供学生学习和操作的榜样。种种方法的示范，有助于学生获得正确的认识。c. 学生模仿。学生应按照示范的要领，一步一步地模仿体验，以快速而顺利地进入练习轨道，确保练习始终沿着正确的方向和标准进行。d. 多次练习。各种习惯、技能或思考反应，经过正确的模仿之后，还需多次反复练习，方能达到巩固以至熟练的程度。e. 随时指导。学生练习时，教师应巡回指导，发现错误及时指出改正，力求练习正确、规范。f. 评鉴结果。评鉴的方法可师生共同评鉴，总结得失。g. 鼓励发展。关键是鼓励学生持续努力，促成技能精熟化、习惯化和灵活运用。

④ 及时反馈练习的信息。要及时检查、讲评练习的质量，并培养学生自我检查的能力。实验研究表明，学生知道练习的结果，对学习成绩和技能的提高有着明显的影响。一般说来，反馈量越多，练习效果越好；反馈及时，练习效果更佳。因此，在每次练习之后，应及时进行小结，使学生了解自己练习的优缺点及改进意见，迅速提高练习的质量。当然，若能进一步提供出现错误的原因分析，将会使练习更为有效。

⑤ 练习之前应先求理解。对练习的要求应先求正确而后求速度。

⑥ 练习的材料应该精选，在一段时间内，练习要有重点。

⑦ 注重个别化与特殊性。练习要因材施教，要注意个别差异，对不同程度的学生应有不同的要求、不同的指导。

⑧ 练习时，不但要注意数量，更要重视质量。不能就题论题，而应就题论“理”，就题论“规律”，最大限度地发挥每一次练习的效用。当练习的量和质发生矛盾时，要坚持“宁可少些，但要好些”的原则。

⑨ 尽量使现代媒体相配合。一些教学媒体对于练习教学法较为适宜，比如，计算机辅助教学的练习软件就既能提供大量水平不同、类型不同的习题库，又能对学生的练习结果进行各种反馈和分析。再如，运用录音带进行语言教学的口语练习，也能取得良好的效果。

练习与复习的主要区别在于：从范围上看，练习主要适用于技能领域；复习主要适用于知识领域。从性质上看，练习的内涵较单一，具有针对性、独立性；复习的内涵较宽泛，具有条理性、系统性。从要求上看，练习侧重于动手、操作，以达熟练；复习着眼于理解、记忆，以达巩固。从目的上看，练习在于形成机械性习惯、熟练的技能和正确的心理联想；复习在于掌握知识、使理解深刻化、使知识系统化。

第二节　练习教学法专业应用一

一、练习教学法案例一

下面以会计基础技能练习为例，分析综合型练习教学法的教学步骤、应用条件及注意事项。案例设计一个较为完整的会计操作过程（凭证—账簿—报表），使学生通过不断、反复练习能够熟悉会计凭证和报表的填制及编制方法，达到充分理解会计基本试算原理的教学目标。

1. 教学对象

初次接触会计并已经完成“会计基础”课程学习的学生。

2. 教学目标

在教师的指导下，通过重复性的联系和操作，加深对会计复式记账原理和试算平衡原理的理解，正确掌握审核原始凭证、编制记账凭证和登记账簿的方法和技能。

3. 教学内容

首先根据提供的资料建好账，然后审核各种原始凭证（主要指经济业务方面的凭证），在审核原始凭证的基础上，对一些需要自制的收、付款凭证进行填制，再对已经审定和填制好的原始凭证进行整理，并在原始凭证整理妥当的基础上编制记账凭证，在记账凭证编制完毕后，首先登记各种明细账，然后再进行记账凭证的汇总，并根据记账凭证汇总表登记总账，总账登记完毕后，清理账务，对各种需要转账的经济业务进行处理，以便按权责发生制的原则确定本期费用（成本）和收益，并对收益进行分配，在全部经济业务按程序登记入账簿后，进行结账和对账，在账簿记录核对无误的基础上，最后编制资产负债表。

4. 教学媒体及工具

① 原始凭证：包括经济业务原始凭证，办理会计事项的指令，空白原始凭证，外来银行结算凭证，收、领料单，各种原始凭证汇总表和分配、计算表。

② 科目汇总表。

③ 银行存款余额调节表。

④ 总分类账余额试算表。

⑤ 总分类账和明细分类账。

⑥ 银行存款和现金日记账。

⑦ 收、付、转记账凭证。

⑧ 大头针、小刀、直尺、复写纸等。

5. 实施过程与步骤

（1）引起兴趣

进行练习前指导老师应该告知本练习是在初学者刚刚完成了“会计基础”课程后对于会计的一些基本核算原理、方法和记账技巧的熟练过程。在课程学习阶段，学生主要是掌握了复式记账、试算平衡和编制报表的基本原理和方法，对于一些原理和方法的运用还比较模糊和陌生，而且课堂讲授的方法和实际操作也会有一定的差异，比如课程教学中就一笔经济业务做的会计分录，在实务中仅仅是记账凭证的核心部分而不是全部，通过练习根据经济业务填制记账凭证不仅能够熟悉会计分录的做法，还能了解到实际工作中记账凭证的做法，同时反过来加深对会计分录和复式记账方法的理解，大大拉近了理论与实践的距离。通过这种练习还能熟练掌握会计实践中试算平衡，编制银行存款余额调节表和编制会计报表的基本技术，对进一步学习专业会计知识打下良好的基础。通过这种练习主要能够实现从听懂到会做。

（2）教师示范

激发学生兴趣后，指导老师还应当向学生说明练习中的一些注意事项，以及练习的要求，练习的目标，练习的内容。本案例中指导老师先拿出一本事先设计好的账簿告诉学生如何建账，然后以设计好的一笔经济业务为例，从审核原始凭证开始到编制记账凭证、登记账簿、最后如何在报表中进行反映为止，全过程中应当注意的事项和容易出现错误的问题为学生做示范，并告之在练习过程中如果出现问题可以采取什么措施，比如举手问老师或者练习小组内解决，如何通过试算平衡自行查找错误等。

（3）反复练习

本练习采用分步练习和整体练习相结合的方式，每个步骤练习有相互练习形成有机整体，当第一步练习掌握后再练习第二步，直至完成所有内容，然后再把各步骤连接起来，整体练习，直到掌握为止，为学生提供反复练习的机会。

第一步，学生练习建账，包括启用账簿和根据教师提供的经济业务的资料在账簿中登记账户的名称及期初余额。

第二步，练习审核原始凭证，教师提供一些事先设计好的经济业务发生时涉及的原始凭证，要求学生练习进行审核和填制。具体包括：审核凭证本身的真伪性和合规性，确定其能否作为某类经济业务发生的具有法律效力的证明；审核凭证所反映的经济业务的内容是否合法、合规和切合实际；审核凭证本身所应具备的凭证要素是否完整，数字是否正确；确定哪些经济业务还需要由会计部门填制相应的经济业务原始凭证并按要求予以填制，同时对需要办理货币结算的经济业务填制结算凭证。

第三步，根据审核无误的原始凭证练习编制记账凭证，练习过程中应注意记账凭证要按照时间先后顺序填制；并注意记账凭证的要素应当齐全；后面应附相关的原始凭证。

第四步，练习转账业务的账务处理，由指导老师提供“工资分配汇总表”、“职工福利费计提表”、“流动资金借款利息计提表”、“外购动力分配表”、“固定资产折旧计提表”、“制造费用分配表”、“产品交库单”、“主营业务成本计算表”、“损益类账户发生额统计表”、“所得税计算表”、“盈余公积计提表”和“应付股利计算表”等，要求学生练习填写，并做会计处理。

第五步，练习汇总记账凭证和登记账簿，包括：根据前面的记账凭证和原始凭证登记明细分类账；在明细账登记完毕后，进行记账凭证汇总；根据记账凭证汇总资料登记总账。

第六步，练习结账和对账，包括：检查各种经济业务是否已全部登记入账，金额的登记方向和数额是否正确；在账证相符的基础上进行结账，结算总账金额和各明细账的本期借贷方发生额和余额；进行总账和明细账之间的核对；将银行存款日记账与银行对账单进行核对，找出未达账项；编制银行存款余额调节表。

第七步，编制资产负债表，该部分联系是在前述练习取得正确结果基础上，按照会计平衡原理练习正确的编制报表，属于整体练习。

具体应用举例：

下面以编制银行存款余额调节表为例说明该方法的应用。

编制银行存款余额调节表是账实核对的一种方法，即将货币财产的账面余额与实存数额相核对，检查货币资金核算是否有错误或舞弊现象。

教师首先说明该练习的目的和意义。“库存现金”日记账的账面余额与库存现金数额应核对相符。“银行存款”日记账与“银行对账单”逐笔核对。通过核对如果双方账目不一致，一是要查明是否存在未达账项；二是要查明双方账簿是否有错账漏账。对未达账项，应编制“银行存款余额调节表”消除其影响，确定企业银行存款实有数。

其次给出假设条件：说明银行存款余额调节表的编制方法。

利群公司2007年5月31日银行存款日记账账面余额85 900元，开户银行送来的对账单所列存款余额为89 310元，经逐笔核对，发现如下未达账项：

① 5月29日企业为支付职工差旅费开出现金支票一张，计1 350元，持票人尚未到银行取款。

② 5月31 日，企业收到购货单位转账支票一张，计18 000元，已开具进账单送交银行，企业已经入账，但银行尚未入账。

③ 5月31日，银行代扣违约罚金1 000元，企业尚未接到凭证而未入账。

④ 5月31日，银行收到企业委托代收销货款21 060元，已收妥记入企业存款户，企业尚未接到凭证而未入账。

第三，要求学生根据给出的条件练习编制银行存款余额调节表，如表7–1所示：

表7-1　银行存款余额调节表

2007年5月31日

项　目	金　额	项　目	金　额
企业银行存款日记账余额	85 900	银行对账单余额	89 310
加：企业未入账的收入款项 委托代收货款	21 060	加：银行未入账的收入款项 存入转账支票	1 8000
减：企业未入账的付出款项 银行代扣罚金	1 000	减：银行未入账的支出款项 开出的现金支票	1 350
调节后银行存款余额	10 5960	调节后银行存款余额	10 5960

最后，评价该练习：经过调整后重新求得的余额是企业银行存款的真正实有数。如果调整后双方余额仍不一致，则说明双方可能存在错账漏账，应进一步查明原因。

本练习案例要求进行较为全面的账务处理程序，但囿于条件的限制，这里举例说明存款日记账与银行对账单的核对练习，其他诸如建账、审核和编制凭证、试算平衡、编制报表等练习方法原理一样，这里从略。

6. 教学效果评价

指导教师可以通过观察、分步测验和整体考核的方式来评价教学效果。由于本案例属于综合性练习的案例，其内容包括了会计基础知识中应当掌握的全部要点，因此指导老师在评价学生练习效果时可以分步骤分要点进行。具体可以从以下几个方面进行评价：

① 学生填写账簿扉页内容的准确性和过账的熟练程度。

② 学生是否能掌握原始凭证的要素并能识别常见的非合格原始凭证。

③ 学生是否熟练掌握了借贷复式记账的原理并能根据记账凭证的要素准确编制记账凭证。

④ 学生是否能够根据试算平衡原理进行正确的试算平衡。

⑤ 学生是否能够熟练地编制银行存款余额调节表。

⑥ 学生是否能够根据平行登记的原理熟练地登记账簿。

⑦ 学生是否能够根据会计等式原理编制资产负债表。

二、应用分析

1. 应用条件

练习教学法是在教师指导下，通过重复性的操作，正确掌握知识、技能或动作的过程，强调学生通过练习能够熟练地掌握所学知识，并能在此基础上加深对理论知识或者相互关联的单项知识间内在联系的理解。

练习教学法既可应用于单项知识也可应用于综合知识，应用得当就能取得预期的效果。

本案例属于练习法教学的综合案例，要求学生首先必须掌握了会计基础中所有必要的理论知识和原理问题，对诸如复式记账、试算平衡等基本会计技术有所了解。其次学生要有进一步了解会计各单项原理之间、会计基本技术之间相互联系的兴趣。同时也要求指导老师能够不断设计出相关的经济业务、编制大量的练习供学生完成，同时能够采取不同的方式，如口答、笔答、竞赛、展示等去评价练习效果，巩固所学内容。

2. 注意事项

① 综合练习与单项练习有所不同，应当分步骤进行，首先强化单项练习并单独评价，同时在学生做单项练习时要随时提醒这些单项练习之间的内在逻辑关系，使学生在做综合练习时能理解为什么要做这些单项练习、这些练习之间的逻辑关系是什么，做完单项练习后能形成一个整体思路，为后面的综合练习打下良好基础。

② 综合练习比较耗时，教师在教学时间上应当合理安排，对于学生有困难的题目应当随时加强指导。

③ 主要观察每个学生，对于有困难的学生可以要求其事前预习，或者复习以前学过的理论知识，也可以考虑优秀学生和落后学生搭配组成小组合作完成练习。

④ 注意维持学生的学习动机，本案例不但练习量大、综合性强，而且具有一定难度，教师要注意学生可能产生的枯燥乏味和畏难情绪，在每一步练习中都尽量采取灵活多样的方式引导学生，比如让学生上台演示，展示优秀练习，给学生当小老师的机会，让学生上台讲解自己的思路等，以保证学生练习的积极性。

第三节 练习教学法专业应用二

一、练习教学法案例二

下面的案例以企业财务会计课程教学中练习教学法的应用为例，介绍专项练习的教学法的实施步骤、应用分析和注意事项。

1. 教学对象

已经完成了“农村财务会计”和“农村审计”理论部分学习的农村经济管理专业学生。

2. 教学目标

通过联系掌握应收账款函证的技术和方法，以及根据应收账款函证的结果设计进一步审计程序的方法。

3. 教学内容

学生练习设计“企业询证函”格式，由指导老师填写后，再交由学生根据回函的内容反复练习后续审计程序的设计，直到学生充分理解函证的技术方法和其在应收账款审计中的重要作用为止。

4. 教学媒体及工具

询证函格式样本；应收账款函证结果汇总表；债务人企业模拟印章；审计机构模拟印章；多媒体教学设备。

5. 实施过程与步骤

（1）引起兴趣

指导老师应首先告之学生“函证”在应收账款实质性测试中的重要性，然后提醒学生注意肯定式函证与否定式函证对审计工作的不同的意义，可以通过提问的方式了解学生对函证格式的掌握程度，同时说明函证控制的好坏将直接影响到审计证据的可靠性，并将函证的结果与后续审计程序的设计结合起来引导学生思考，通过“函证”练习将有助于学生获得应收账款关键审计程序的感性认识，提高学生实际动手能力。

（2）教师示范

指导老师事先假设被审计单位（某机械厂）应收账款明细账上反映出有一债务人企业甲公司欠某机械厂货款100万元，审计人员为了查明该应收账款是否真实存在（即存在认定），设计如下询证函：

企业询证函

______公司　　编号：

本公司聘请的_______所（局）正在对本公司_______年度的财务报表进行审计，按照______审计准则的要求，应当询证本公司与贵公司的往来账款等事项。下列数据出自本公司账簿记录，如与贵公司记录相符，请在本函下端“信息证明无误”处签章证明；如有不符，请在“信息不符”处列明不符金额。回函请直接寄至______所（局）。

回函地址：

邮编：　　电话：　　传真：　　联系人：

① 本公司与贵公司的往来账项列示如下：　　单位：元

截止日期	贵公司欠	欠贵公司	备注

② 其他事项：

本函仅为复核账目之用，并非催款结算。若款项在上述日期之后已经付清，仍请及时函复为盼。

（公司盖章）
年 月 日

结论：① 信息证明无误。

（公司盖章）
年 月 日
经办人：

② 信息不符，请列明不符的详细情况：

（公司盖章）
年 月 日
经办人：

即指导老师设计了一个积极式函证的格式作为示范，告诉学生如何设计询证函格式，并告之设计过程中要注意的关键要素和事项。

（3）反复练习

指导老师在上述示范的基础上，可仍以某机械厂和甲公司为例，要求学生把询证函的格式略作改变自己联系设计询证函。积极式询证函还可设计为如下格式：

企业询证函

______公司　　　　　　　　　　　　　　　　　　　　编号：

本公司聘请的_______所（局）正在对本公司_______年度的财务报表进行审计，按照_______审计准则的要求，应当询证本公司与贵公司的往来账款等事项。请列示截止___年___月___日贵公司与本公司往来款项余额。回函请直接寄至______所（局）。

回函地址：

邮编：　　　　　　电话：　　　　　　传真：　　　　　　联系人：

本函仅为复核账目之用，并非催款结算。若款项在上述日期之后已经付清，仍请及时函复为盼。

（公司盖章）

年　月　日

① 贵公司与本公司的往来账项列示如下：　　　　　　　　　　　单位：元

截止日期	贵公司欠	欠贵公司	备注

② 其他事项:

（公司盖章）

年　月　日

经办人：

消极式询证函格式可设计为如下格式：

企业询证函

______公司　　　　　　　　　　　　　　　　　　　　编号：

本公司聘请的_______所（局）正在对本公司_______年度的财务报表进行审计，按照______审计准则的要求，应当询证本公司与贵公司的往来账款等事项。下列数据出自本公司账簿记录，如与贵公司记录相符，则无需回函；如有不符，请直接通知会计师事务所，并在空白处列明贵公司认为是正确的信息。回函请直接寄至______所（局）。

回函地址：

邮编：　　　　　　电话：　　　　　　传真：　　　　　　联系人：

① 贵公司与本公司的往来账项列示如下：　　　　　　　　　　　单位：元

截止日期	贵公司欠	欠贵公司	备注

② 其他事项：

本函仅为复核账目之用，并非催款结算。若款项在上述日期之后已经付清，仍请及时使函复为盼。

（公司盖章）
年 月 日

______会计师事务所：

上面的信息不正确，差异如下：

（公司盖章）
年 月 日
经办人：

为了实现对询证函收回情况加以控制，指导老师可以要求学生练习填写“应收账款函证结果汇总表”，如表7-2所示。

表7-2 应收账款函证结果汇总

被审计单位名称： 制表： 日期：
结账日： 年 月 日 复核： 日期：

询证函编号	债务人名称	债务人地址及联系方式	账面金额	函证方式	函证日期	回函日期	替代程序	确认余额	差异金额及说明	备注

指导老师可要求学生根据审计的需要和询证函的基本要素反复做上述练习，并在完成上述设计练习的基础上假设下列三种情况要求学生作出近一步审计的判断：

一是：甲单位回函结果与询证金额相符（即甲欠该机械厂100万元）。

二是：甲单位回函结果与询证结果不符（如甲欠该机械厂80万元）。

三是：甲单位没有回函。

一般来讲，审计人员对函证结果可进行如下评价：

① 重新考虑对内部控制的原有评价是否恰当；控制测试的结果是否适当；分析程序的结果是否适当；相关的风险评价是否适当。

② 如果函证结果表明没有审计差异，则可以合理推论，全部应收账款总体是正确的。

③ 如果回函结果表明存在审计差异，则应当估算应收账款总额中可能出现的累计差错是多少，也可进一步扩大函证范围。

④ 对未回函的应收账款可以采取替代程序,如抽查原始凭证（销售合同、销售订购单、销售发票副本、发运凭证、回款单据等）。

具体应用举例：

下面以光高镇人民政府对三和经济联合社应收账款审计为例说明应收账款函询练习。

首先，指导老师介绍本次审计的背景和基本方法：一般而言，应收账款专项审计程序应当包括查阅相关账簿、凭证、合同、文件和会议记录等。

其次，指导学生根据三和经济联合社的实际情况设计应收账款审计程序，其中包括应收账款的函证程序。

第三，根据需要填列上述企业询证函，其中：应收“伟业厂”余额12 712元，应收“东达厂”余额28 125元，应收“奥斯克厂”余额45 374元，应收“南意厂”余额50 900元（含两年未交管理费），应收“李明林”200 000元等。

第四，要求学生练习编写“应收账款函询结果汇总表”（见表7–3）。

表7-3　应收账款函证结果汇总表

被审计单位名称：某经联社　　制表：李家伟　日期：2010.3　索引号：
结账日：2009年12月31日　　复核：王文玉　日期：2010.3　页　次：

询证函编号	债务人名称	账面金额（元）	函证日期	回函日期	确认余额
01	伟业厂	12 715	2010.2.5	2010.2.10	12 715
02	东达厂	28 125	2010.2.5	2010.2.14	28 125
03	奥斯克厂	45 374	2010.2.5	2010.2.15	45 374
04	南意厂	50 900	2010.2.5	2010.2.18	50 900
05	李明林	200 000	2010.2.5	2010.2.20	200 000

第五，指导老师评价练习结果，并可以改变假设条件，要求学生自行设计询证函和询证结果汇总表加强练习。指导老师甚至可以设置条件，要求学生自己根据需要设计审计程序或者设计替代审计程序，提高学生的技能和兴趣。

6. 教学效果评价

本案例属于单项练习案例，且属于设计性练习案例，在评价其教学效果时，首先是考查学生对于询证函应具备基本要素的掌握程度，其次检查学生询证函格式的合理性，还需要考查学生对于不同类型的询证函设计的掌握和熟练程度。除此之外，指导老师可以通过提问，测验、研讨等方式检查学生是否理解不同类型的询证函以及不同回函结果对于审计的意义，同时还可以评价学生是否掌握控制询证函回函结果以及根据询证函回函结果评估审计风险和进一步设计审计程序的方法。

二、应用分析

1. 应用条件

本案例要求学生能够事先掌握应收账款实质性测试中询证方法的原理和技术，并能理解询证方法在应收账款存在认定中的作用。可见练习教学法的一个重要应用前提是要求学生对相关理论知识有一定程度的理解，该方法要解决的重点问题只是在一定理论指导下具体操作和熟练的问题，当然，在操作和加强练习的过程中反过来也能够加强对相关理论知识的进一步理解。

作为指导老师应当能设计不同的场景和不同的情况给学生提供练习的素材和机会，同时指导老师要能够在练习过程中不断引导学生在熟悉操作技能的基础上认真思考本部分练习与其他相关知识点的联系以及本练习与相关理论的结合，否则练习教学法也会失去相当的应用价值。

应用练习教学法还有一个前提条件就是可重复性，前面的综合案例和本案例都表现出这一特点，通过老师的示范，学生能够反复做同样的练习，以提高熟练程度。

2. 注意事项

本案例与案例一比较表现出两个方面的特点：一是本案例属于单项练习，二是本案例属于设计性练习，因此，在操作过程中应注意以下事项：

① 充分发挥教师的引导和示范作用，详细地讲解询证函设计的要点，并解释为什么这样设计的道理，克服学生的畏难情绪。

② 加强现场指导，随时帮助学生解决问题，由浅入深，循序渐进地推动练习教学的顺利进行。

③ 因为是设计练习，没有标准答案，可以在坚持设计原则（如必备的基本要素不能少）的基础上采取讨论，分组辩论，多媒体演示等多种手段丰富教学内容，活跃气氛，提高学生的学习兴趣。

（4）理论与实践相结合，在练习过程中充分阐释其理论依据和本单项练习与审计其他程序的关系，激发学生的学习动机。

参考文献

[1] 顾建平，杨慧芳. 探讨工商管理专业实践教学的新模式[J]. 管理观察，2008（7）.

[2] 杨寿珩. 加强会计实验教学，培养符合教育目标的会计人才[J]. 会计之友，2005（3）.

[3] 史美兰. 体会哈佛案例教学[J]. 国家教育行政学院学报，2005（2）.

[4] 王青梅，赵革. 国内外教学法综述[J]. 宁波大学学报（教育科学版），2009（6）.

第八章　农村经济管理专业案例教学法

第一节　案例教学法概述

案例教学法是以具有代表性、典型性和新颖性的案例为教材，在教师指导下，运用多种方式启发学生独立思考，对案例提供的客观事实和问题进行分析、研究，做出判断和决策的一种理论联系实际的教学方法。案例教学法不同于传统的讲解式或讨论式教学，主要是用案例激发学生，促使他们去思考和探讨，目的是让学生掌握解决实际问题的思路和方法。

一、案例教学的意义

案例教学能充分调动学生学习的积极性，激发他们的想象力和创造能力；它能在有效的时间、有限的信息和大量不确定性条件下，让学生运用智能和情感，锻炼面对复杂问题做出关键性决策的能力；它能使学生除了可以牢固的知识外，还可以锻炼和提高分析问题和解决问题的能力、合作共事和沟通交流的能力。

二、案例教学的特点

案例教学之所以能在世界范围内产生巨大的影响和作用，皆因其自身特点所发挥功能的结果。

① 案例教学是理论联系实际或实际联系理论的典型方式，也是培养学生心智技能和动作技能的重要措施。它主要是通过对生产、技术、经营、设备、疾病、事件等典型性案例或代表性问题，让学生进行认真思考、讨论和研究，以提高分析问题和解决问题的能力。

② 案例教学具有很强的启发性。任何案例均具有供学生思考、分析和探索的许多疑点，有外露的，也有隐晦的。它们常常含有浓厚的趣味，吸引学生去观察、分析、体验……进而做出判断、推理和论证，故有开发学生智能的功效。

③ 案例教学可有一种结论，也可有多种结论，但通常却无唯一正确的标准答案，只要能抓住问题的实质，分析方法对路，逻辑推理正确，就可予以肯定。

三、案例教学的种类

案例教学有课堂教学和实践教学之分。案例运用于课堂教学，一是理论阐述前的案例引路，引导学生在悬念中探索解决矛盾的方法和寻求问题的答案；二是在理论阐述中，举出案例佐证，以帮助学生对理论的深刻理解；三是案例运用于实践教学，主要是提供高度仿真性的模拟情景和背景资料，组织案例的分析与讨论，这更能使学生得到实际锻炼，更有利于把知识转化为能力。

四、案例教学的一般程序

为了提高案例教学效果，教师必须精密策划、精选案例、精心安排。一般每个案例要用一至两节课。其程序大致如下：

① 扼要介绍案例及其教学目的，使学生明确训练目标和思考方向。

② 学生独立学习案例，进行详细分析，并写出分析笔记。

③ 教师组织讨论，课堂讨论是案例教学的中心环节，是教学的焦点和高潮，是一种交互式的探索过程。因而，教师要认真组织指导，一般是先由一位同学发言，然后其他同学从不同角度分析同一案例。

④ 引导学生对各种见解进行评价。因案例教学不存在绝对正确的答案，而是通过各种意见的撞击，加深学生对某些问题的理解，从而对学生起启迪、引导作用。

五、案例教学的要求与注意事项

① 训练目标明确。每个案例都包含着多方面的信息，若目标不明，听任学生自由发挥，其讨论可能变成偏离主题的闲聊，结果学无所得。

② 把握师生角色。在案例教学中，学生是主角，教师是导演。教师不能以自己的结论代替学生分析讨论，而应以组织者的身份积极为学生服务。只有在必要时，方给以适当暗示、提示、点化和引导。

③ 创造良好气氛。要引导学生畅所欲言，从而使讨论气氛热烈欢快。在自由讨论时，学生可能是争先恐后，甚至唇枪舌剑。此时，教师又须控制局面，使讨论沿着教学目标的方向与轨迹继续前进。

④ 不能代替理论。尽管案例教学对理论联系实际、提高实际运作能力具有很大作用，但它毕竟是通过一个具体的事例来实现的，离开基础和专业理论的指导则无法进行。因而，案例教学不能完全替代系统的理论教学。

⑤ 坚持教材为主。案例是完成教材讲授的辅助手段，是教材内容的补充与佐证。它只有与教材内容完美地结合，才能启发学生的思维，使感性认识上升为理性认识，对日后的工作实践起到指导作用。

第二节　案例教学法专业应用一

一、案例教学法案例一

下面以“农产品营销”课程为例，讲述开放式教学案例的应用。

<table>
<tr><th colspan="2">“网上布吉”做大农批</th></tr>
<tr><td>教学对象</td><td>农村经济管理专业二年级下学期学生</td></tr>
<tr><td>教学目标</td><td>通过学习，学生能够说出农产品市场的现状、开发空间以及农产品营销的发展趋势，能够分析农产品网络及其发展的必然性；能够比较各种营销方式的特点，说出农产品网络营销的优点，能根据具体情况分析农产品市场业务创新模式以及营销策略，合理运用农产品网络营销方式。着力培养学生分析问题和解决问题的能力，同时培养学生的团队合作精神，以及沟通交流能力和组织协调能力。</td></tr>
<tr><td>教学内容</td><td>农产品销售途径、农产品市场开发、农产品网络营销。</td></tr>
<tr><td>教学媒体及工具</td><td>除传统教学媒体如教师语言、黑板、粉笔等外，采用现代教学媒体，实行多媒体教学。</td></tr>
<tr><td>实施过程与步骤</td><td>1. 引入案例
通过课前在网上、数据库、图书报刊上大量浏览、查阅资料，根据案例设计的针对性、典型性、现实性、启发性原则，精心挑选和撰写案例“‘网上布吉’做大农批”。在案例教学课之前一周把案例纸质文档交给学生。在上课开始时，又通过PPT形式播放一遍案例，让学生温习一下案例内容。案例内容如下：
“网上布吉”做大农批
布吉农批是国内农批市场的重量级企业，去年交易额达120亿元，批发商行超过900家。从空间扩张角度讲，布吉农批已渐趋饱和。目前“非专业人士”进入布吉农批已如入迷宫，周围交通也不堪压力。布吉农批再扩大场地规模，已是“不可能的任务”。唯有在业务创新上想办法。基于这个考虑，深圳农产品公司于2000年创建中农网，以“网上布吉农批”拓开农批市场空间。随着场内商户和消费者注册中农网的数量越来越多，商品信息查询等交易前期工作逐渐移师网上进行，扩展了布吉农批的交易空间。在陆续推出“价格之窗”、“阳光采购”、“节日团购”等一系列创新业务模式后，网上交易迅速红火。2001年，部分或全部通过中农网的网上交易额达8 000万元，2002年则超过5亿元。2002年12月24日，布吉农批与中农网联合开通“网上批发市场”。市场内有实力的经营户，在网上有了自己的门店，不受地域、时间的限制，使更多的生产商、经销商、消费者能与其更方便地联系。对于采购方来说，也不用辛苦跑腿，只要上网，就能浏览到布吉市场600多家商户的5万多件商品，既可比较价格，也可发送订单要求送货上门。
深圳农产品公司2000 年创建的中农网以“网上布吉农批”的方式突破了深圳农产品批发市场所受到的时空约束，进一步开拓了农批市场的空间和交易种类。现阶段中农网拥有 140 多家门店和 1 000多个农产品超市，其通过网上平台撮合、配送的交易额达到 5 亿多元。农产品总公司常务副总经理祝俊民说：“中农网网上农产品交易额未来数年将占布吉农批交易额的 20%，中农网将是做大做强布吉农批的一大利器”。
2. 确定任务、行为方式、社会形式
① 确定任务。该案例是一个典型的开放式案例，案例本身没有提出具体的任务。因此，教师首先需明确学生具体完成的任务即每名同学都要上交自己课前所查的有关“网上布吉农批”的相关资料并写出分析材料，每个小组提交一份案例分析报告，并附有每个学生的签名。</td></tr>
</table>

续表

<table>
<tr><td>实施过程与步骤</td><td>② 确定学习的方式。把案例呈交给学生，明确具体任务后，要求学生在课余时间做好案例分析、讨论的各种准备工作，如上网查资料，去图书馆翻阅书籍、杂志，去市场上进行调研，相互讨论等，在课堂上以代表发言、质疑答疑为主。
③ 确定学习的社会形式。以小组为主，在小组讨论的基础上，全体讨论、分析。把学生分成小组，每六个人为一个分析小组（人数可根据班级具体情况而定，不宜太多或太少），小组人员组成可采取学生自由组合，老师适当调配的方式。然后由小组成员推选出一名组长，由组长负责安排本组案例教学中事前、事中、事后的相关工作。
3. 审视、搜寻、评价信息
教师设计引导问题，引导学生审视、搜寻、评价信息。如：
• 布吉农批如何通过业务创新日益壮大?
• 网上交易的优缺点。
• 网上农产品批发与其他工商业产品网上交易相比有哪些特点?
• 怎样解决网上交易信息不对称的问题?
• 农产品营销发展的趋势。
• 网上交易是布吉农批为解决空间有限而采取的业务创新的主要方式，是否还有其他的业务模式?
• 怎样降低交易成本?
• 面对有些地区农产品卖难的问题，网上布吉有何借鉴意义?
• 其他问题。
4. 开发并深入处理各种解决方案
小组成员认真思考，积极讨论，寻找各种问题的解决方案。教师及时了解各组讨论的情况，引导学生围绕问题进行讨论，并对学生提出的问题进行解答，如我国主要的农产品批发市场有哪些？布吉农产品批发市场在全国农批市场的地位，主要竞争对手是谁，主要业务模式、经营管理理念是什么等。在对整个案例讨论结束后，各个小组形成小组案例分析报告。
5. 展示并讨论方案
在解决方案展示前，教师规定具体的展示方式即每个小组把自己的案例分析材料向全班公布，可由小组长或推举组中成员轮流发言，教师及其他小组成员可以向公布分析报告的小组提问、质疑甚至展开辩论。提问和辩论紧紧围绕小组案例分析报告的内容进行，提问可采取卡片或口头提问的方式。在提问时，教师主要起到积极的引导作用，使学生把所学的有关农产品市场、农产品营销知识与此案例结合起来，既真正理解所学的知识，又感受到真正的市场。在讨论中既启发学生的创造性思维，又训练学生分析问题和解决问题的能力。
6. 评价结果，并将结果普遍化
（1）提出评价框架
评价内容包括课前准备，课中讨论、分析，以及课后提交分析报告三个主要方面，可以从态度、能力两个维度进行。</td></tr>
</table>

续表

实施过程与步骤	（2）做出评价 首先由各个组之间相互评价，并给出理由，然后由教师做出总体评价。对学生们的课前准备和课堂中的发言进行点评，表扬各个小组的优点，同时也指出各个小组的存在的不足之处。如有些组能够把电子商务知识融入到这个案例分析中，认为发挥计算机、网络、通信技术的作用是新世纪农产品批发市场的重要方向这个观点很不错，且能与所学的电子商务知识整合起来。进而又考虑到如何进行网上撮合、网上竞拍，以及期货市场的电子化运作提高运行效率等，这些思路都是传统教学法难以到达的。但是有的组由于准备不充分，分析、讨论的深度不够，仅限于农产品批发市场的表面现象，有待进一步深入。 （3）提炼一般化结论 对于开放式案例，只叙述事实，没有任何提问。就如同真实生活一样，并不存在任何指示提醒我们，要做什么，该如何处理等。所以其分析结论具有开放性和复杂性，但应突出重点，抓住核心问题，主次分明，繁简适度。
教学效果评价	① 采用案例教学调动了学生的学习积极性，理论联系实际，注重能力培养和启发，大大提高了学生分析问题和解决问题的能力。 ② 将纸质案例提前分发给学生，自主查找资料，进行个人分析，增强了学生主动学习的积极性和自主获得知识的空间性增大。小组内部利用课余时间讨论，有利于发挥学生组织协调能力、团结合作能力以及口头辩论能力。 ③ 运用多媒体教学形象生动，概念清晰，深入浅出；并能利用网络资源超链接，教学内容较丰富。 ④ 开放式案例使学生的思维空间不受束缚，有利于培养创新精神，但很多学生习惯于问题引导型的案例，往往在作案例分析时重点和核心把握不准。 ⑤ 由于对电子商务知识和网络营销缺乏深入了解，讨论的深度和广度有待进一步拓展。

二、应用分析

1. 应用条件

我国自20世纪80年代引进案例教学以来，案例教学法主要运用于经济管理、政府管理、法律、医学等实践性、应用性较强的学科。对于农村经济管理专业而言，其课程设置除了经济、政治、法律、哲学等必修文化基础课外，还涵盖了大量与农村经济管理相关的专业课程，兼具理论性、经营性、技能性、应用性等特点。起初，案例教学法仅仅在一些管理类的课程中开展，而随着现代教学理念的发展和教师、学生对课堂教学效果的更加重视，传统的以教师讲授为主，重视讲解基本原理、概念及系统理论知识，忽视理论与现实社会的联系和对学生能力的培养的教学方法的弊端日益显现。近年来，一些具有现代教学理念的教师开始尝试案例教学法，并取得了一定的成效。案例教学法的适用范围广，但要使案例教学更有效，必须具备一定的条件。现结合本案例从授课内容、学生主体、教师、教学环境等四个方面来进行分析。

首先，授课内容条件。并不是所有的课程内容都适用案例教学法。对于农村经济管理相关专业基础知识、基本理论的教学而言，传统的教学法仍是不可或缺的，教师应将这些基本理论讲得清楚、透彻、明了，做到条理清晰，层次分明，逻辑严密，只有在学生具备一定的理论知识这一前提下，教师才可以从容地将案例教学法充分运用。一般而言，应根据案例选择的要求，遴选具有启发性、现实性、综合性且难易度适当，符合中职学生接受能力的知识点作为案例切入点，过于抽象或繁琐都不太适宜。如在讲述“农产品营销”课时，以营销或农产品的定义等识记性内容选择案例不利于拓展思维，而以农产品营销的实施则更有利于培养学生的技能。在讲述农产品营销市场策略时，可以农产品与其他工业产品市场营销相比较，包括方法、模式、成本、收益以及市场开拓的难易程度为契入点，撰写相关的案例可读性较强。又如在讲授“职业道德与职业指导”课时，以职业的定义为主题内容选择案例不如以职业道德和职业理想选择案例好，可以鼓励自主创业、公选村官、大学生积极响应应征入伍等相关主题作为案例素材。一般而言，概念性、识记性内容不宜作为案例切入点，数学、语文、英语等课程的案例教学效果不如一些专业课程。因此，在选择课程及授课内容时要有所侧重，才能更好发挥案例教学的效果。

其次，学生主体条件。案例教学法的主要特点是通过学习、研究大量的案例来掌握在农村经济管理相关领域适用的管理科学、经济科学、农业科学与政策、法规、管理条例、公共关系等方面的基本知识及相关知识技能的实践。学生对课程的重视程度、参与程度，学生本身的素质、能力等直接影响案例教学的效果。因此，如何正确评价学生主体条件，因材施教，激发学生案例学习热情，是案例教学的关键环节。如有些学生对农产品营销课程不感兴趣，毕业后也不愿从事这方面的工作，抱着“分数不在高，及格则已；学习不在用功，考前看看则灵”的想法，认为课下阅读、搜集资料、参与讨论，都是大可不必的事情。因此，这部分学生参与案例教学的积极性不够，课前不阅读或较少阅读案例资料，参加小组讨论不热情，不发言或者随意发言应付了事。有些学生文科基础差，分析问题的能力欠缺；有些学生习惯于传统的教学方式，对案例教学不适应。如何应对这些来自学生的不利因素？应对措施是否完全有效果？关键还是思想认识上的问题。在上案例教学课以前，最好向学生讲清案例教学的理念、步骤、目的及对学生的要求、评价方法，对基础差的学生可以事先进行有关的辅导，以引起学生的足够重视。另外，将案例教学与平时成绩挂钩，作为考核内容的一部分。

所以，对于学生而言，首先是要从主观上具有学习的热情和刻苦钻研的精神，其次，对学生能力的要求来看，学生要具备和逐步培养良好的思维能力、表达能力、组织能力、合作能力、交际能力、控制能力、应变能力、学习能力等。

再次，教师条件。案例教学对任课教师提出了比传统教学更高的要求。教师不仅要具备现代教学理念、勇于进行教学改革的精神以及非常的责任心，还要具有一定的教学经验、掌握一定的信息技术和现代教学手段，要有搜集、整理各种形式案例的能力及引导、调控整个案例教学进程的素质和能力。教师备课不仅要“备”教材，备“学生”，还要“备”自己，也就是说，教师不仅要研究透教材中的理论、原理，还要了解最前沿的理论动态，关注社会现状，关注现阶段中国的大政方针动态及重大事件，对现实问题保持高度敏感。如果教师对我国农产品市场发展情况，农产品生产、销售过程中存在的问题，农产品市场营销的现状、发展趋势以及网上营销的相关知识不够清楚，就很难开展好该堂课的案例分析。与此同时，教师还要注意多和学生交流，了解学生的想法、需要，适时调整教学策略，甚至调整教学方式，做到“量体裁衣”。在案例教学中，教师需要做大量的工作，付出的是几倍于传统教学的精力。

因此，教师的素质、能力和责任心成为影响案例教学效果的重要因素。案例教学法的有效实施要求农村经济管理专业教学需要有一批双师型及具有丰富工作经验的教师，以保证为本专业学生提供高质量的理论及实践课程教学。

最后，教学环境条件。良好的软、硬件环境是搞好案例教学的重要客观因素。首先，必要的硬件设施是前提。如教学用的多媒体教室有利于直观、形象展示案例，资料室或数据库有利于学生和教师查找相关资料。其次，大小合适的班级构成是案例教学成功的保证。案例教学强调全员的参与、讨论与思考，人数太多往往会存在滥竽充数的情况。

2. 注意事项

案例教学法牵涉到教师、学生以及外部环境等各方面的因素，在案例分析实施的任一个环节出现疏忽、偏差，都会影响案例教学的效果。下面从案例教学的具体实施过程来说明案例教学法的注意事项。

首先，案例的选择须具有针对性和启发性。该案例教学以农产品市场营销为主要内容，以网上农产品批发市场为切入点，以农产品批发市场业务创新为核心，具有较强的针对性。而将布吉农批的规模、营销额等数据列出，与一般农产品批发市场相比较而言，自然而然想到其优越性，启发性较强。又如，在以案例教学法讲授“农村财税与金融”中税收制度这一章时，可以选择农业税取消后农民减负或收入增加这方面的案例，即能体现当前农村的实际，反映农民的心声，又能让同学们感受到农村经济政策对经营管理起到十分重要的引导作用。如果随意以“车船税”或“财产税”改革作为案例，离农村、农业经济相距甚远，同学们缺乏这方面的了解，就会不感兴趣。又如，在分析农业税制改革时，取消了农业税，是否意味着农民被排除在税收之外，再也不需交税？农业、农村成为税收的真空？统筹城乡税制是否可能？怎样统筹？给学生留下较大的思维空间，且具有较强的启发性。

其次，案例的引入须具有直接性和灵活性。案例的引入即呈现不管采取什么方式，都要直接展示在学生面前。案例呈现的方式主要可采取以下几条途径，可以根据具体情况选择适合的方式：①让学生直接阅读或朗读教材或教师印发的案例。对于比较适宜案例教学的课程，如农村政策与法规、农产品营销、农村财税与金融、职业道德、法律基础知识等，可通过编写案例集的形式，于学期初分发给学生。而对于课程中相对较少应用案例的课程，如计算技术、统计核算等可根据讲述章节内容所需，与课前分发案例资料。②教师口述或表达，它适用于情节比较简单，一目了然的案例；但一般情况下，老师要用书面的形式完整表达案例。③利用多媒体动画手段呈现案例，模拟再现实际情景；这是现代多媒体教学中运用得比较多的方法。即使学生课前已经获得了相关纸质文章，辅助多媒体教学同样重要。④通过丰富多彩的活动（如辩论会、小品、热线节目、模拟法庭、记者采访等）形式，真正让学生在实践中体验案例分析的全过程。以上几种方式并非一定单一进行，可以几种方法联合使用，效果更佳。

根据农村经济管理专业课堂教学实践，在案例呈现中或教学的前置中，教师一定要重视以下几个方面：要给学生创造一个宽松的课堂环境，有利于学生畅所欲言；给学生提供自由交谈渠道，让学生学会如何接受别人观点、如何与人合作交际，学会别人分析问题、处理问题的方法。

再次，案例分析与讨论须具有引导性、多元性、开放性。对于同一案例，每个学生可以有不同的分析角度和结论，发掘出不同的经济和社会意义。采用非指导性的方式引导、组织学生分析讨论，对一筹莫展的学生给予必要的启示，诱导思路；对思路敏捷、分析透彻的学生应给予肯定，坚定他们的信心。同时，教师要鼓励学生多元化的声音，允许不同的见解和观点，引导学生剥去案例非本质的细节，揭示其内部特征以及案例与社会经济问题之间的必然联系。而且案例设计以不设置任何问题的开放性案例为最佳，有利于开拓学生的开放性思维。分析案例的关键是学生和教师共同努力，把案例中的内容与相应的社会经济问题联系起来。对案例分析的总结，一般由教师来完成。教师可以指出学生分析案例的成绩和不足，进行补充与提高性讲授。

第三节　案例教学法专业应用二

一、案例教学法案例二

下面以“农业经济管理”课程为例，讲述任务明确型案例教学的应用。

发挥合作组织优势 打造农村经济平台	
教学对象	具有一定的农业经济管理基本知识，对农民专业合作组织有一定的认知，农村经济管理专业二年级上学期学生。
教学目标	通过本案例的学习，使学生能够认识合作经济组织现象，了解农民专业合作社产生的背景、意义。说出农民专业合作社的内涵、类型及特点，分析农民专业合作社的运作原则、治理结构，以及合作经济组织在农村经济发展中的重要作用，了解农民专业合作社建立和登记程序。能够理论联系实际，灵活掌握不同专业合作社的运作要领，熟练发挥农民合作社的职能作用，规范经营行为，促进农业增产、农民增收。
教学内容	农民专业合作社
教学媒体及工具	除传统教学媒体如教师语言、黑板、粉笔、卡片等外，采用现代教学媒体，实行多媒体教学。
实施过程与步骤	1. 引入案例 在上课之前，把案例纸质材料发给学生，并通过幻灯片在课堂上播放案例。让学生阅读案例材料，并积极地思考。案例如下： 发挥合作组织优势 打造农村经济平台

续表

实施过程与步骤	双城市金凤凰养鸡技术专业合作社坐落在双城市单城镇政德村，紧靠双五公路。单城镇共辖10个行政村，28个自然屯，现有耕地12万亩，五荒面积3万亩，农户6 180户，农业人口2.8万人，11 600个劳动力。该乡镇凭借区位、交通、资源等优势，经过改革开放以后20多年的发展，现已成为远近闻名、规模最大的蛋禽生产先进乡镇。 一、合作社的基本情况 双城市金凤凰养鸡技术专业合作社是在原单城镇养鸡技术协会的基础上建立的，1998年，在部分养鸡户的倡议下，在以养鸡大户董玉学、苍安波和陈洪海的带领下，单城镇成立了养鸡技术协会。协会成立之初，主要开展培训、防疫、管理等方面的工作，是由单纯的一线养鸡户组成，没有规范的制度和管理形式，很难发挥合作经营的优势。会员协作意识不强，一家一户的分散经营在与企业、市场的营销活动中始终处于劣势地位，管理和约束职能弱化，这些问题使协会长期处于被动地位，工作很难开展。为了适应蛋鸡饲养业的发展需要，我们按照新型合作组织建设要求，对蛋鸡饲养业发展资源进行整合，变盲目“松散型”协会为科学“紧密型”组织。2005年4月正式成立了单城镇养鸡技术合作社，依法民主选举了会员代表、理事会和监事会成员，选出了理事长、副理事长和理事会、监事会成员，同时成立了相应组织。组建了管理部、服务部、技术培训部三个组织机构。管理部下设财务、对外联络、蛋鸡业发展、技术服务、法律维权五个部门。三个机构分工协作，互为补充，形成了有机的整体。为了适应社员多元化的需求，我们对合作社的职能进行了重新定位，把为政府管理服务，为企业发展服务，为养殖产业化生产服务作为办公宗旨，并进一步拓宽了服务领域，丰富了服务形式，创新了服务手段。2007年7月，国家又颁布并实施了《中华人民共和国农民专业合作社法》，给正在发展中的单城镇养鸡技术合作社注入了新的活力，提供了法律保障。2007年10月单城镇养鸡技术合作社向工商部门提出申请并进行了登记和注册，同时更名为双城市金凤凰养鸡技术专业合作社。几年来，在合作社的带动下，吸纳社员从最初的32户发展到现在的138户，带动养鸡户110户，全镇蛋鸡存栏从1998年的15万只发展到2008年初的60万只，全年销售鲜蛋1100吨，产值6500万元，纯收入1200万元，养鸡户人均纯收入9000元。2004年被黑龙江省农业委员会绿色农产品办公室认定批准为黑龙江省新胜蛋禽销售责任公司单城镇绿色蛋鸡养殖基地。绿色鲜蛋直接打入东南亚，并直接进入各级超市。 二、发挥职能作用，规范经营行为 随着龙头企业的发展壮大，我们紧紧抓住这一难得的机遇，充分发挥合作社的协调、扶持、服务职能，坚持围绕产业发展不偏向、立足服务不动摇，着眼需求，结合实际，主动出击，积极为政府排忧，为养殖户解难，为企业服务，切实维护各方利益。 （1）大力宣传产业发展政策。为了使养鸡户能及时了解产业政策和相关信息，合作社主动承担起政府代言人的职责，创办了《蛋鸡饲养必读》等专业读本，定期发布国内蛋鸡饲养领域的生产、技术、鲜蛋产品、市场需求、政策法规及典型经验等各类信息，户均一份，直接传递到每个养鸡户。合作社还建立了培训和图书资料室，提供各类蛋鸡饲养和管理方面的资料，社员可随时掌握最新的养鸡技术及供求等相关信息。

续表

<table>
<tr><td></td><td>（2）努力规范社员间的协作关系。随着养鸡业的发展，养殖户、饲料企业、防疫禽药部门、科研院所等部门的合作空间也在逐步的扩大，为确保所有社员的利益，确保各业健康发展，合作社从协调、规范社员协作关系入手。全力实现各方利益的“多赢”。一是协调与饲料企业的关系。针对饲料价格的不断上涨，养殖成本提高的实际情况，协调饲料企业进行厂价直销。将经销商的利润全部让利给养鸡户，按现在的市场价格算，每吨可为养鸡户节约资金200元左右，全镇养鸡户可节约饲料成本380多万元。二是协调与疫病防治部门关系。为了解决“诊疗难、药价高、假药多”的问题，合作社专门成立了“蛋鸡疾病防治中心”，实行社员持卡防疫诊疗制度，持卡养鸡户可以放心地享受平价药、保真药。同时，合作社还定期邀请科研院校专家前来义诊，免收诊费。仅此一项，持卡社员每500只蛋鸡可节省医疗费500余元。
（3）切实维护农民的合法权益。为了解决养殖户与兽医之间的权益纠纷问题，维护养殖户利益，我们及时成立法律维权部，无偿为养殖户提供法律援助，已先后为3个养殖户解决了权益纠纷，挽回经济损失3万余元。
（4）积极开展科技服务。我们围绕蛋鸡饲养的高产高效模式、养殖管理、疾病防治等核心技术，大力开展各种科技培训活动，社员受训比例达到80%以上。为了确保蛋鸡饲养安全，我们专门聘请了2名畜牧技术人员组建了防治所，建立了蛋鸡流行疾病预警系统，在蛋鸡疫情高发期，及时进行疫情检测并通报。
三、加强自身建设，提高服务水平
合作社作用的发挥取决于整体素质和可持续发展能力。合作社成立以来，得到了广大养鸡户及相关业务部门的认可，充分发挥了在区域行业发展中的协调、服务、扶持作用，促进了蛋鸡产业的稳定、健康发展，其中关键的一点在于我们不断加强自身建设，得益于整体服务功能的增强。
（1）强化组织机构建设。合作社的理事、部门负责人全部由社员产生，使更多懂技术、善管理的能人和养殖大户进入合作社的决策机构和管理层。为了提高合作社人员的素质，2008年，我们选拔了2名文化基础好、素质较高的养鸡能手，送到东北农业大学学习深造。我们还积极扩大理事选择范围，经多方争取，将东北农业大学的畜牧教授和农经专家聘请为独立理事，使合作社运营档次和管理水平明显提高。
（2）扩大对外合作影响。我们积极搭建平台，广泛开展与科研院校和机关企事业单位的合作共建活动，引进资金技术和人才。在合作社建立畜牧专家大院，由10余名专家定期开展培训、诊疗活动，使养殖户第一时间学习新的科研成果。
（3）创新合作社运行机制。我们在实践工作中，坚持用好的制度规范工作，用新的体制管理工作，用活的机制推进工作，实现了快速、高效。一是开门办社机制，我们在合作社章程中规定，凡是从事蛋鸡饲养的农户、年满18周岁的农民，有民事行为能力的均可申请加入，并在没有正当理由的情况下不得拒绝其入社。最大程度上吸引广大农民的加入，把合作社建成农民之家。二是民主管理机制。合作社的每一项重大工作决策，都必须由理事会首先研究讨论，最后拿到社员代表大会上表决通过后才能执行，日常工作也必须由常务理事会成员半数通过方可确定，充分体现了合作社管理的民主性，避免工作纠纷的产生。三是风险共担机制。养殖户、企业、科研部门等形成的联合体，既共同分享利益，又共同承担市场风险，从整体上规避了经营风险。</td></tr>
</table>

实施过程与步骤

续表

<table>
<tr><td>实施过程与步骤</td><td>双城市金凤凰养鸡技术专业合作社已成为养鸡户和政府、种粮农民及饲料企业之间的桥梁和纽带，合作社将继续恪守为养鸡户服务、为政府服务、为种粮农民和饲料企业服务的宗旨，拓宽多项养鸡渠道，涉足养鸡业更宽更广的领域，把全镇乃至全市的蛋鸡饲养业做大做强。
2. 确定任务、行为方式、社会形式
（1）确定任务。该案例本身附有明确的任务，即：如何联系实际，进一步发展、壮大农民专业合作社，加强农民专业合作社建设，发挥专业合作组织优势，促进农业增产，农民增收，打造农村经济平台。因此，教师在明确学生基本任务的基础上要求每名同学联系农业生产和农民生活实际，简要地写出自己的观点，每个小组提交一份案例分析报告，并附有每个学生的签名。
（2）确定学习的方式。确定任务后，学生可以通过阅读案例，独立分析思考，上网查找资料，到图书馆翻阅书籍、杂志，以及相互讨论、质疑等方式进行学习，获取相关信息。
（3）确定学习的社会形式。在个体思考的基础上，以小组为主进行分析、讨论。将学生以班级自然组的形式均分成四个小组，每个小组推选一名小组长。小组长组织组内成员对问题进行讨论，并做好记录和总结。各学习小组的讨论地点彼此分开。小组应以他们自己有效的方式组织活动，教师主要起引导作用，对实质内容不应该进行干涉。
3. 审视、搜寻、评价信息
教师围绕具体任务，设计引导问题，引导学生审视、搜寻、评价信息。如：
• 农民合作经济组织产生的背景是什么？
• 成立农民专业合作社应具备哪些条件？
• 建立农民专业合作社一般要经过哪些程序？
• 农民专业合作社的运作原则表现在哪些方面？
• 举例说明不同农民专业合作社运行机制的重点分别是什么？
• 市场经济条件下，合作社就是准企业，设计合作社的经营与发展战略应考虑哪些因素？
• 农民专业合作社的治理结构是什么？比较其与公司治理结构的异同。
• 如何提高农民参加合作社的积极性？
• 如何发挥农民专业合作社的职能，更好地为广大农民服务？
• 政府应从哪些方面扶持和指导农民专业合作社的发展？
• 其他问题。
4. 开发并深入处理各种解决方案
小组根据教师提出的任务，围绕引导问题进行思考、讨论，提出问题解决方案。在对整个案例讨论结束后，形成小组案例分析报告。在此过程中，教师及时了解各组讨论的情况，引导学生围绕问题进行讨论，并对学生提出的问题进行解答。
5. 展示并讨论方案
在解决方案即各个小组的案例分析报告宣读前，教师规定具体的展示方式和要求。首先，各个小组派出自己的代表（或小组长），发表本小组对于案例的分析和处理意见，发言时间控制在8分钟以内。发言完毕之后发言人要接受其他小组成员的询问并做出解释，时间控制在5分钟以内。本小组其他成员可以代替发言人回答问题。小组集中讨论的这一过程为学生发挥的过程，教师充当组织者和主持人</td></tr>
</table>

续表

实施过程与步骤	的角色。教师可以提出几个意见比较集中的问题和处理方式，如农民专业合作社的治理结构与公司治理结构的异同，创新农业合作社运行机制的具体做法，怎样发挥好农民以及村委会成员（或农村精英）在农业合作社中的作用等。 6. 评价结果，并将结果普遍化 主要包括提出评价框架、做出评价以及将结果普遍化。这是对案例讨论阶段的概括和提升，首先由老师和同学一起确定评价框架，然后通过小组相互投票的形式决定评价结果，再由教师做出总结性评论。教师可以对案例讨论做出评价，指明其中的关键性问题，如农业合作经济组织的运行机制和治理结构，农民在农业合作经济组织中的地位与作用，加强农业合作经济组织自身建设的具体做法等，为后续的课堂教学打好基础；也可以指出学生在分析、讨论案例中的成绩和不足，如积极性高，思维活跃，对农民专业合作社理论有比较多的了解，但深度不够，对农业生产、生活的现实情况了解不多，对农业合作社的运行机制把握不够等，在此基础上教师再进行弥补性、提高性讲解；还可以启发学生在教师指引下进行归纳、总结，或者提出一些发人深省的问题，如农业合作社在农业经济发展中的地位与作用，政府在农业合作社发展过程中扮演的角色，农业合作组织模式创新等。促使学生开阔思维、调整视角，进行深入而广泛的思考。最后，提出分析这一类案例的基本思路和方法，以触类旁通，举一反三。
教学效果评价	① 通过案例展示，把农民专业合作社与治理结构、运行机制、组织管理以及宏观调控等知识联系起来，提高了学生综合分析问题和解决问题的能力。 ② 在小组讨论、分析的基础上，老师点评、总结，既肯定优点又指出不足，给予学生以进一步学习、发挥的空间。同时搜集最新资料，通过农民合作社网、农业信息网，链接相关内容，了解全国农民专业合作社总体发展情况以及全国各地农业合作社的优秀典型，进一步深化认识、加深理解。 ③ 此案例把农民专业合作社相关理论与农业经济发展实际结合起来，跟踪农业经济发展中的现实和热点问题，理论紧密联系实际，拓展了学生的知识面，也给学生提供了一种分析问题的思路。 ④ 案例中展示的“双城市金凤凰养鸡技术专业合作社”具有一定的典型性，但是有些同学并非来自农村，对农村经济发展不太了解，抑或虽来自农村或城郊，但对农业合作社这一新生事物没有亲身经历，对农业合作社的发展感受不足，在知识面拓展的同时讨论深度不够。

二、应用分析

1. 应用条件

上述案例是常用的带有具体问题（任务）的案例，具有较强的针对性。教师根据教学目标，在课堂中组织学生就案例问题进行研讨。一方面把课堂教学与社会现实连接在一起,弥补了理论与实际脱节的问题。另一方面，有利于培养学生主动探索、积极思考的习惯，促使学生由被动学习转向自主性学习，自己建构知识体系，变革学习方式。但是，另一方面，案例教学法对师生提出了更高的要求。实事求是地说，并不是所有的案例教学都能达到预期的教学效果。因此，要取得好的教学效果，在明确教学目标、认真备课、精心选取案例的基础上，在教学实践过程中，还必须注意以下几个方面的问题。

2. 注意事项

首先，把以教师为中心的传统教学方式转变为以学生为中心的方式，提高学生的主动性和创造性。案例教学法从本质上要求以教师为中心的传统教学方式转变为以学生为中心的方式,学生的学习方式从被动接受知识转变为主动探索,它让学生在真情实景之中以“当事人”身份思考问题,训练学生分析和解决实际问题的能力。一方面，教师是整个教学的主导者，掌握着教学进程，引导学生思考、组织讨论，进行总结归纳。另一方面,要充分发挥学习者的自主性。学生先要独立思考和分析案例,准备好自己的观点和方案,然后参与讨论,最后形成案例分析报告。在讨论过程中,教师要把更多的机会让予学生,让学习者在前台扮演主角。

其次，将“点对面”的单向教学模式转变为“点对点”、“面对面”的多方位互动模式。传统教学方法主要是单向的理论灌输式的教学方法,师生之间的互动是“点对面”的形式,交流非常有限。案例教学法则注重教师与学生个体之间、学生个体与个体之间、学生团体与团体之间、教师与学生团体之间的多方位交流,形成多向的交流和互动机制与模式。尤其是在课堂上展开的对案例的分析和讨论的过程中,教师需融入学生群体之中,引导学生进行讨论、交流观点。可先由学生个体充分表达自己的见解,在个体之间形成“点对点”的交流甚至争锋，然后组织学生小组与小组之间的“面对面”交流，在教师的引导下,通过多方位的互动交流,集思广益,相互促进,形成较为完善的解决方案。这种方法非常有利于学习者能力的成长。

再次，从封闭性、单一性的教学思维向开放性、多元性的教学思维转变。传统教学中,教师的中心地位造成了信息的传输局限于从教师到学生的单向流动,不可避免地具有灌输的色彩。学生如何理解? 怎么想? 教师很少能够照顾到,信息的流动是不对称的。案例教学法在思想和过程等方面全面开放。课堂向课外开放,学生向教师开放,学生向学生开放。在讨论中,学生当堂发表见解,每人都有发言机会,相互不保留,不隐藏。师生之间是平等的,信息是对称的。此外，案例教学法倡导多元的、发散型的思维方式。它好比课堂上的实习,就像解决问题的习题,求解方法不唯一,答案也不唯一。它不求思想统一,反对教条和标准答案,注重批判反思,这给学习者提供了充足的创新思维空间,可以有效地培养学生的创造力。特别在案例讨论过程中,充分体现开放性和创新性。

此外，从轻过程、重结果的教学理念向轻结果、 重过程、重质量的现代教学理念转变。案例分析不重视是否得出正确答案,重视的是得出结论的思考过程,重视如何适应形势变化去确定更好的、更有效的管理手段。

从实践来看，我们的案例分析也证明了这一点。对于复杂事件,其正确答案往往不是唯一的,需要重点考虑的是事件发展的多种可能性。如前面提到的如何加大我国财政对农业支持和保护力度，可以从原则、方法、手段、重点、资金来源、投融资方式创新等方面展开，并从发展的视角来分析。案例教学法不是建立在已经被验证的知识或信息(如真理、定律等) 基础上的,而是以客观发生的、业已存在的事实为出发点,它的目标不是让学生去接受某个不容置疑的、唯一的正确答案,而在于探讨复杂问题发展的多种可能性,寻求通向成功的可能途径。学员对案例的分析讨论既有一致性,也有歧义异性,要允许各种独立见解的并存。因而,案例教学法的重点在于其过程,而不是结果,重视的是得出结论的思考过程及解决问题的方法。

最后，还应注意处理好案例教学和其他教学方法的关系。运用案例教学法是为实现教学目标服务的，应与所对应的农村经济管理理论知识有直接联系，即案例教学一定要在经济管理理论基础上进行。只有将相关知识的基本概念、基本原理理解透彻，才能充分开展对经济管理问题的案例讨论，取得实效。而在理论知识普及和更新方面，传统讲授式教学法具有其独特的优势，它能全面、系统地向学生传授基本概念和基本知识。案例教学若和其他教学方法配合使用，在不同教学内容开展教学时，根据实际情况综合运用各种教学方法如互动式教学法、导学式教学法、情景式教学法、研讨式教学法等，教学效果将更加理想。

参考文献

[1] 农业部农民科技教育培训中心，中央农业广播电视学校. 农产品市场营销[M]. 北京：中国农业大学出版社，2008.

[2] 墨之. “网上布吉”做大农批[J]. 中国市场，2008（2）.

[3] 陆俊元. 案例教学法的本质特征及其适用性分析[J]. 中国职业技术教，2007（10）.

[4] 禚学军. 案例教学法应把握的几个原则[J]. 中国校外教育，2009（8）.

[5] 李志涛. 案例教学在中职会计专业的应用[J]. 传承，2009（7）.

[6] 周凯丽. 对商务英语案例教学法适用条件的探讨[J]. 韶关学院学报，2007（10）.

[7] 汪虹，王丽玲，刘玉珍. 影响案例教学效果的因素分析[J]. 河北广播电视大学学报，2009（3）.

第九章　农村经济管理专业模拟教学法

第一节　模拟教学法概述

模拟教学法是指在教师指导下，让学生在接触和感受一种近似于真实的环境和条件中进行实习的教学方法。模拟教学是实习教学的一种形式，它以模仿生产和各种环境让学生进行相应的训练。模拟教学既可节省贵重和稀有的材料、设备，又可保证实习的安全，避免在真实条件下可能发生的危险和不良后果，减少因错误操作造成的损失。

一、模拟教学的意义

尽管模拟的环境与条件有不如真实的环境与条件的一方面，但它也具有真实情况不具备的优势，比如，模拟可人为地制造一些在日常实际工作（生产）中难以看到的故障，供学习者判断、排除；又可设置一些实际工作（生产）中不允许学生动手的“项目”，让学生进行反复演练。

① 使学生提早体会“岗位”，了解知识的应用，了解职业需求，激发学习热情，增强学习兴趣和信心。

② 增强学生发现问题、分析问题和实际动手的能力。

③ 培养学生的社会适应能力，以及与人交往、协作、沟通和寻求解决问题的途径和方法等。

④ 强化学生参与意识和主体地位。

二、模拟教学的种类与方式

根据教学需要，模拟的种类主要有：

① 器物模拟。如模拟汽车、火车与飞机驾驶、模拟医学诊断与急症抢救以及运用计算机的多种交互模拟等。

② 环境模拟。如模拟电站、模拟电话局、模拟法庭、模拟病房、模拟企业、模拟财务室以及模拟商店、客房、餐厅等。

③ 人物模拟。如模拟法官、模拟会计及模拟服务员、采购员、演员等。

模拟可采取单项技能训练、综合技能训练和应用能力训练三种不同的形式，既可采用传统的方式进行，也可利用现代教学手段进行演示。在模拟教学中，教师主要起“导演”作用，一个或多个学生作“演员”，扮演特定角色，其他学生做听众或观众。

三、模拟教学的要求和注意事项

模拟教学具有教师“主导性”、学生“主体性”、教学“实践性”、环境“模仿性”和条件“真实性”等主要特点。

模拟教学强调学生直接实践，采用模仿、效法的方式对学生进行训练。所以，模拟的环境和条件均应力求接近真实，以达“以假乱真”的效果，并使学生有亲临其境的感受；模拟训练，要让学生扮演模拟环境中的角色“假戏真唱”，使之有“进入角色”的体验。模拟教学的重点不是传授新知识，而是培养学生在实际和复杂的条件下，运用所学知识锻炼判断与决策能力，培养工作方法的系统性和科学性。

模拟教学的注意事项：

模拟前，要做好模拟器物的准备与安放、模拟环境的设计与布置、模拟人物的物色与指导等，并力求接近真实；进行必要的讲解，讲清目的要求、操作要领、注意事项等。

模拟中，通过全面系统地观察或巡回检查，进行集体的或个别的指导，发现错误及时纠正。

模拟后，进行总结，做出必要的提示、评价和结论。

第二节　模拟教学法专业应用一

一、模拟教学法案例一

本案例以“农村企业经营与管理”课程中企业经营沙盘模拟为例进行角色扮演模拟教学法说明。“企业经营沙盘模拟”采用的是一种全新的体验式授课方法。基本思想是设立一个模拟企业，把企业运营所处的内外部环境定义为一系列的规则，由学生组成几个相互竞争的模拟企业，通过模拟企业几年的经营过程，使学生在分析市场、制定战略、产品开发、营销策划、组织生产、财务管理等一系列活动中，参悟科学的管理规律，提升管理能力。

案例一　　企业经营沙盘模拟	
教学对象	农业经济管理专业二年级学生
教学目标	1. 知识技能目标 （1）认识企业及企业的组织架构，认清沙盘模拟与真实企业之间的关系。 （2）能够利用企业管理、财务管理、市场营销等课程知识进行模拟操作。 （3）熟练利用竞赛规则，完成各角色的任务和应发挥的作用。 （4）做到理论联系实际，学以致用。
教学目标	2. 过程性目标 （1）形成团结协作的团队精神。 （2）培养学生分析市场和根据企业所处的条件作出经营决策的能力。
教学媒体及工具	模拟沙盘、计算机及相关软件
教学时间	2～3天

续表

<table>
<tr><td>实施过程与步骤</td><td>一、组织准备工作
（一）教师准备
1. 模拟沙盘及相关软件系统调试。
2. 人员分组和职能定位：
（1）人员分组：在“企业经营沙盘模拟”实训中，采用了简化的企业组织结构，企业组织由几个主要角色代表，包括：CEO（首席执行官）、COO（首席运营官）、CFO（财务总监）、营销总监/销售总监、生产总监、采购总监、人力资源总监和商业情报人员等；按六个组分配人员，根据学生人数确定各组人数，并根据学生特长进行职位分配。
（2）职能定位：
CEO（首席执行官）：负责制定和实施公司总体战略与年度经营计划。主持公司的日常经营管理工作，实现公司经营管理目标和发展目标。现代企业的治理结构分为股东会、董事会和经理班子三个层次。在“企业经营沙盘模拟”实训中，省略了股东会和董事会，企业所有的重要决策均由CEO带领团队成员共同决定，如果大家意见相左，由CEO拍板决定；做出有利于企业发展的战略决策是CEO的最大职责，同时CEO还要负责控制企业按流程运行。与此同时，CEO在实训中还要特别关注每个人是否能胜任其岗位。
COO（首席运营官）：在实际企业中，COO是个重要的角色，负责组织协调企业的日常运营活动。在本实训中，COO协助CEO控制企业按流程运行，起着盘面运行监督的作用。此角色为可选角色，在人数较少时可不设。
CFO（财务总监）：在企业中，财务与会计的职能常常是分离的，他们有着不同的目标和工作内容。会计主要负责日常现金收支管理，定期核查企业的经营状况，核算企业的经营成果，制定预算及对成本数据的分类和分析。财务的职责主要负责资金的筹集、管理；做好现金预算，管好、用好资金。如果说资金是企业的血液，财务部门就是企业的心脏。财务总监要参与企业重大决策方案的讨论，如设备投资、产品研发、市场开拓、ISO资格认证、购置厂房等。公司进出的任何一笔资金，都要经过财务部门。在分组较少时，将上述两大职能归并到财务总监身上，统一负责对企业的资金进行预测、筹集、调度与监控。在人数允许时，增设主管会计（财务总监助理）分担会计职能。
营销总监/销售总监：企业的利润是由销售收入带来的，销售实现是企业生存和发展的关键。营销总监所担负的责任主要是：开拓市场、实现销售。为此，营销总监应结合市场预测及客户需求制定销售计划，有选择地进行广告投放，取得与企业生产能力相匹配的客户订单，与生产部门做好沟通，保证按时交货给客户，监督货款的回收，进行客户关系管理。营销总监还可以兼任商业调查的角色和任务，因为他最方便监控竞争对手的情况，比如对手正在开拓哪些市场，未涉足哪些市场，他们在销售上取得了多大的成功，他们拥有哪类生产线，生产能力如何等，充分了解市场，明确竞争对手的动向可以有利于今后的竞争与合作。
生产总监：生产总监是企业生产部门的核心人物，对企业的一切生产活动进行管理，并对企业的一切生产活动及产品负最终的责任。生产总监既</td></tr>
</table>

续表

<table>
<tr><td>实施过程与步骤</td><td>是生产计划的制定者和决策者，又是生产过程的监控者，对企业目标的实现负有重大的责任。他的工作是通过计划、组织、指挥和控制等手段实现企业资源的优化配置，创造最大经济效益。在“企业经营沙盘模拟”实训中，生产总监负责指挥生产运营过程的正常进行，生产设备的维护与设备变更处理、管理成品库等工作。在本实训中，生产能力往往是制约企业发展的重要因素，因此生产总监要有计划地扩大生产能力，以满足市场竞争的需要。
采购总监：采购是企业生产的首要环节。采购总监负责各种原料的及时采购和安全管理，确保企业生产的正常进行；负责编制并实施采购供应计划，分析各种物资供应渠道及市场供求变化情况，力求从价格、质量上把好第一关，为企业生产做好后勤保障；进行供应商管理；进行原材料库存的数据统计与分析。在“企业经营沙盘模拟”实训中，采购总监负责制定采购计划，与供应商签订供货合同，监督原料采购过程并按计划向供应商付款，管理原料库等具体工作，确保在合适的时间点，采购合适的品种及数量。
人力资源总监：人才是现代企业竞争的核心竞争力，人力资源是企业的第一资源。人力资源总监负责企业的人力资源管理工作，具体包括企业组织架构设计、岗位职责确定、薪酬体系安排、组织人员招聘、考核等工作。
商业情报人员：商业情报工作在现代商业竞争中有着非常重要的作用，不容小觑。在受训者人数较少时，此项工作可由营销总监承担；在人数较多时，可设专人协助营销总监来负责此项工作。
其他角色：在参与人数较多时，可适当增加财务助理、CEO助理、营销助理、生产助理等辅助角色，特别是财务助理。为使这些辅助角色不被边缘化，应尽可能明确其所承担的职责和具体任务。
3. 建立模拟企业：企业创建之初，首先要建立与其企业类型相适应的组织结构，组织结构是保证企业正常运转的基本条件；其次确定股东期望和企业发展目标；第三分析企业产品的需求情况。
4. 设定模拟企业初始条件：现金余额、应收款余额、厂房设备价值、生产线价值与生产能力、库存产品与原材料价值、企业目前的财务状况与经营情况。
5. 设定企业运营规则：已有市场和新开发市场的准入，订货会议和订单争取，市场模板与订单条件，厂房购买、租赁与出售，生产线购买、调整与维护，产品生产与原材料采购，产品研发与管理体系认证，融资贷款与资金贴现综合费用与折旧、税金及其他有关的规则。
（二）学生准备
1. 按照教师要求进行分组。
2. 根据人员分组情况和小组成员特长，进行角色分配，根据各人所应承担的责任和应起作用，熟悉模拟经营的相关规则并进行相应的知识准备，拟定初步的工作计划。
3. CEO制定公司发展战略并与指导老师沟通。公司发展战略主要由以下几方面构成：
（1）想成为什么样的公司？企业的经营目标和宗旨是什么？市场方向、市场地位、销售收入目标、利润目标等。</td></tr>
</table>

续表

实施过程与步骤	（2）倾向何种产品、何种市场？准备何时实现？ （3）想发展到多大的产能？建什么样的生产线？准备何时实现？手工、半自动、全自动和柔性。 （4）计划采用怎样的融资策略？想什么时候融资、融什么资、融多少资？长贷、短贷、高利贷、贴现。 二、按照企业发展目标制定企业经营计划，依据运营规则开始经营 由各组CEO发表就职演说，主要内容为发展战略和团队协作方面。教师可提出以下问题供学生操作时思考： 1. 如何作出正确而有效的决策？ 2. 怎样保证业务与战略的一致？ 3. 如何构建好自己的管理系统？ 4. 怎样全面提升组织的竞争力？ 三、每年由CEO向企业股东汇报经营情况、存在的问题和准备采取的措施 四、评价与反馈 在学生完成每一阶段的操作后，教师要针对各组学生的操作情况进行评价，对学生做得好的地方要及时给予肯定和鼓励，对学生做得不够的地方及时给予指导。 评价标准主要可以依照以下几方面： 1. 组织纪律性，企业能在CEO的统一指挥下，严格按照企业流程各司其职、协调运作。 2. 严格按照模拟企业运行流程一步步运作，不能跳跃式运行。 3. 关于竞争的胜负，不光看当前的所有者权益，还要看企业的发展潜力。 4. 小组成员各司其职，分工协作，充分体现团结协作精神。 反馈：学生应及时向指导老师反馈操作中遇到的各种问题，尤其是有关企业生存和发展的重大问题。
教学效果评价	根据各组的经营情况与发展前景进行评价。由于采用的是模拟一个企业的经营，学生能亲身体验企业经营管理的各个方面，要求学生掌握企业经营管理及相关的知识，且各组之间有竞争，能有效地激发学生学习兴趣和主动学习的热情。

二、应用分析

1. 应用条件

① 掌握了一定的企业管理知识和财务知识的学生。

② 有相应的设备和软件。

③ 教师要具有企业管理知识和财务知识。

④ 需要较长的操作时间，适用于综合性的实习或实训。

2. 注意事项

① 要认清我们是在经营模拟企业，为运行方便将内外部环境简化为一系列规则，故与实际情况有一定差别，不可在规则上较真。

② 要有争强好胜的斗志，虽然是模拟经营，切不可简单地当成游戏，要有“假戏真做”当作真实企业来经营的态度。

③ 要正确对待自己的角色，在一个企业里每个人会担当不同的角色，每个角色也都有其他角色所不可替代的作用，因此每个角色都是重要的，都值得重视和珍惜，都应该用心做好。

④ 教师要关注每组的经营情况，对发现的问题及时进行指导。

⑤ 评价要客观公正，要注意企业短期收益与长期发展的协调。

⑥ 对每组经营情况要及时进行点评。

⑦ 学生要对每次操作情况进行总结。

第三节　模拟教学法专业应用二

一、模拟教学法案例二

本案例以“农村会计核算”课程中材料采购为例、模拟真实的会计账务操作流程为依据，让学生进行模拟操作。

案例二：材料采购的账务处理	
教学对象	农业经济管理专业一年级学生
教学目标	1. 知识技能目标： （1）通过学习，学生能准确进行材料采购、验收入库相关账务的处理。 （2）能正确进行农产品收购、采购中进项税额的计算。 2. 过程性目标： （1）学生学习会计知识的热情得到提高。 （2）学生养成认真细致的作风。 （3）学生的会计专业素养得到提高。
教学内容	材料采购：农产品收购与采购的账务处理。
教学媒体及工具	教材、会计模拟室、会计凭证及账页、多媒体。
教学时间	2学时
实施过程与步骤	一、教学准备 （一）教师准备： 1. 准备相关会计凭证与账页。 2. 按真实的会计场景布置会计教学模拟室。 3. 农产品收购及采购的税收政策：对增值税一般纳税人购进农业生产者销售的免税农业产品或向小规模纳税人购买的农业产品，凭收购凭证上注明的金额乘以13%的抵扣率来计算抵扣税款。（中华人民共和国国务院《中华人民共和国增值税暂行条例》（[2008] 538号]）。 4. 编制模拟材料： 新天食品股份有限公司为一般纳税人企业，公司采购部王方于2009年1月5日从公司财务部借支现金100 000元，向农民收购稻谷。2009年1月20日，共收购到稻谷50 000公斤，价款90 000元并验收入库，21日向财务部办理相关手续并交回余款；2009年3月2日向小规模纳税人红达大米加工厂购买2 000公斤大米，含税总价7 000元（其中税金910元），发票已收到，3月5日货到验

续表

<table>
<tr><td></td><td>收入库，3月6日通过银行转账支付货款。3月10日向湘华贸易公司购买白糖1 000公斤，价格6.00元/公斤，货款6 000元，增值税1 020元，已收到对方开出的增值税专用发票，3月20日，货到，经验收只有950公斤。作出上述业务的账务处理。
（二）学生准备：
复习材料采购过程涉及相关账户：
现金、银行存款、应付账款、应交税金、原材料、材料采购、其他应收款等。
二、教学实施
（一）教师发放会计凭证、账页、模拟材料。
（二）教师讲解模拟操作要点、要求并示范如何列示分录、如何制作凭证、粘贴原始凭证作附件、银行各种结算凭证及支票填写方法等。
（三）编制会计分录（由学生编制，教师巡回给予适当指导）。
从银行提取现金100 000元。
（1）借：现金　100 000
　　贷：银行存款　100 000
王方借款收购稻谷。
（2）借：其他应收款——王方　100 000
　　贷：现金　100 000
稻谷验收入库，凭入库验收单和农副产品收购专用发票进行账务处理。
（3）借：原材料——稻谷　78 300
　　　　应交税金——应交增值税（进项税额）11 700
　　贷：其他应收款——王方　90 000
交回多余现金。
（4）借：现金　10 000
　　贷：其他应收款——王方　10 000
向红达大米加工厂购买大米。
（5）借：材料采购——大米　6 090
　　　　应交税金——应交增值税（进项税额）910
　　贷：应付账款——红达大米厂　7 000
大米验收入库。
（6）借：原材料——大米　6 090
　　贷：材料采购——大米　6 090
支付大米款。
（7）借：应付账款——红达大米厂　7 000
　　贷：银行存款　7 000
向湘华贸易公司购买白糖。
（8）借：材料采购——白糖　6 000
　　　　应交税金——应交增值税（进项税额）1 020
　　贷：应付账款——湘华贸易公司　7 020
白糖验收入库，发生短缺50公斤，经查证，由自然因素所导致，计入营业外支出
（9）借：原材料——白糖　5 700</td></tr>
<tr><td>实施过程与步骤</td><td></td></tr>
</table>

续表

实施过程与步骤	营业外支出　300 　贷：材料采购　6 000 （四）制作会计凭证 检查以上会计分录，核对无误后制作记账凭证。（示例见后） （五）登记账簿 审核记账凭证的大小写金额是否相符、摘要内容与所发生的经济业务是否相符、借贷是否平衡，根据审核无误的记账凭证登记原材料明细分类账和总分类账。（示例略） （六）短缺材料处理 根据情况进行处理：若是由于采购人员的原因而造成的损失，由采购人员进行赔偿，计入其他应收款；若是由于自然因素或不可抗力造成的非常损失，计入营业外支出；若是由于发货方的原因所造成，由发货方补齐或协商解决；若是合理损耗，直接进入原材料采购成本。 （七）评价与反馈 1. 评价标准 （1）分录编制、进项税额计算准确无误。 （2）凭证制作、账簿登记准确、合乎规范，账面平衡。 （3）操作过程中认真细致，凭证制作一次完成。 2. 学生反馈 由于采用了模拟真实流程操作、学习积极性得到提高，能较好掌握所学知识，进行账务处理。
教学效果评价	由于模拟真实的流程，所采用的会计凭证和账页都是真实的，学生可以体验到真实的会计操作，学生能较好地掌握材料采购账务处理技能与增值税处理办法。

相关会计凭证示例（由于版面原因，有些凭证与实际情况略有不同，作为评价参考标准）

增值税专用发票

开票日期：　2009年3月10日　　　　No.056987678

购货单位	名称	某公司	纳税人登记号	56849725894125×××
	地址、电话	长沙市中山路1号	开户银行及账号	长沙市工商银行中山支行8564219

商品或劳务名	计量单位	数量	单价	金额								税率	税额							
				拾	万	千	百	拾	元	角	分	%	拾	万	千	百	拾	元	角	分
白糖	千克	1000	6		¥	6	0	0	0	0	0	17		¥	1	0	2	0	0	0
合计					¥	6	0	0	0	0	0			¥	1	0	2	0	0	0
价税合计（大写）	柒仟零贰拾元整																			

销货单位	名称	某贸易公司	纳税人登记号	2589632125468958
	地址、电话	南岸区××路52号	开户银行及账号	长沙市工商银行×路支行256130
备注				

第二联　发票联　购货方记账

销货单位（章）：（印）　收款人：李滴　复核：陈狄　开票人：许海

记账凭证

2009年1月20日　　　　　　记 字第 1 号

摘要	会计科目		借方金额								贷方金额								记账
	总账科目	明细科目	十	万	千	百	十	元	角	分	十	万	千	百	十	元	角	分	(签章)
购入稻谷	原材料	稻谷	¥	7	8	3	0	0	0	0									
	应交税费	应交增值税	¥	1	1	7	0	0	0	0									
	其他应收账款	王方									¥	9	0	0	0	0	0	0	
合　计			¥	9	0	0	0	0	0	0	¥	9	0	0	0	0	0	0	

附件2张

会计主管 李明　　出纳 陈好　　审核 张宁　　制单 吴菁

附件为入库收料单和农副产品收购专用发票。

收料单

供货单位：　　2009年1月9日　　单位：元

材料编号	材料名称及规格	计量单位	数量		金额	
			应收	实收	单价	金额
65214	稻谷	千克	50000.00	50000.00	1.566	78300.00
备注：					合计	78300.00

第一联　存根联

仓库负责人：田园　　记账：肖意　　仓库保管：黄沙　　收料：李双

记账凭证

2009年1月20　日　　　　　　记 字第 2 号

摘要	会计科目		借方金额								贷方金额								记账
	总账科目	明细科目	十	万	千	百	十	元	角	分	十	万	千	百	十	元	角	分	(签章)
退还借支款	现金		¥	1	0	0	0	0	0	0									
	其他应收账款	王方									¥	1	0	0	0	0	0	0	
合　计			¥	1	0	0	0	0	0	0	¥	1	0	0	0	0	0	0	

附件1张

会计主管 李明　　出纳 陈好　　审核 张宁　　制单 吴菁

记账凭证

2009 年 3月 2日　　　　记 字第 3 号

摘　要	会计科目		借方金额								贷方金额								记账(签章)
	总账科目	明细科目	十	万	千	百	十	元	角	分	十	万	千	百	十	元	角	分	
购大米	材料采购	大米		¥	6	0	9	0	0	0									
	应付税金	应付增值税			¥	9	1	0	0	0									
	应付账款	红达加工厂										¥	7	0	0	0	0	0	
合　计				¥	7	0	0	0	0	0		¥	7	0	0	0	0	0	

附件1张

会计主管 李明　　出纳 陈好　　审核 张宁　　制单 吴菁

附件为红达大米加工厂开出的发票。

转账凭证

2009年3月 5日　　　　转 字第 4 号

摘　要	会计科目		√	借方金额									贷方金额								
	总账科目	明细科目		百	十	万	千	百	十	元	角	分	百	十	万	千	百	十	元	角	分
购料入库	原材料	大米				¥	6	0	9	0	0	0									
	材料采购	大米													¥	6	0	9	0	0	0
合　计						¥	6	0	9	0	0	0			¥	6	0	9	0	0	0

附件1张

会计主管 李明　　出纳 陈好　　审核 张宁　　制单 吴菁

附件为材料入库单。

付款凭证

贷方项目：银行存款　　2009年3 月6 日　　付 字第 5 号

摘　要	借方科目		金额										记账(盖章)
	总账科目	明细科目	千	百	十	万	千	百	十	元	角	分	
付货款	应付账款	红达大米厂				¥	7	0	0	0	0	0	
合计(大写)人民币:⊗仟⊗佰⊗拾⊗万柒仟零佰零拾零元 零角零分						¥	7	0	0	0	0	0	

附件1张

会计主管 李明　　出纳 陈好　　审核 张宁　　制单 吴菁

附件为银行转账支票回存根。

记 账 凭 证

2009 年 3月10日　　　　记　字第 6 号

摘　要	会 计 科 目		借 方 金 额								贷 方 金 额								记账
	总账科目	明细科目	十	万	千	百	十	元	角	分	十	万	千	百	十	元	角	分	(签章)
购白糖	材料采购	白糖		¥	6	0	0	0	0	0									
	应付税金	应付增值税		¥	1	0	2	0	0	0									
	应付账款	华湘贸易										¥	7	0	2	0	0	0	
合　计				¥	7	0	2	0	0	0		¥	7	0	2	0	0	0	

附件1张

会计主管 李明　　出纳 陈好　　审核 张宁　　制单 吴菁

附件为增值税专用发票。

收　料　单

供货单位：某贸易公司　　2009年3月20日　　单位：元

材料编号	材料名称及规格	计量单位	数　量		金　额	
			应收	实收	单价	金额
65217	白糖	千克	1000.00	950.00	6.00	5700.00
备注：					合计	5700.00

第一联　存根联

仓库负责人：田园　　记账：肖意　　仓库保管：黄沙　　收料：李双

转 账 凭 证

2009年3月 20日　　　　转 字第 7 号

摘　要	会 计 科 目		√	借 方 金 额									贷 方 金 额								
	总账科目	明细科目		百	十	万	千	百	十	元	角	分	百	十	万	千	百	十	元	角	分
购料入库	原材料	白糖				¥	5	7	0	0	0	0									
	营业外支出						¥	3	0	0	0	0									
	材料采购	白糖													¥	6	0	0	0	0	0
合　计						¥	6	0	0	0	0	0			¥	6	0	0	0	0	0

附件1张

会计主管 李明　　出纳 陈好　　审核 张宁

附件为材料入库单。

二、应用分析

1. 应用条件

① 要根据学生所学专业及专业要求选择教学内容。教学内容应与学生所学内容接近，同时应尽可能与实际情况相吻合。

② 所选内容要简洁同时又要有一定难度，要给学生一个思考的空间。

③ 学生必须有相应的会计理论知识。

④ 教师必须掌握规范的实际财务操作流程，教师要有熟练的技术和技能。教师要针对每一笔经济业务的发生，如何列示分录、如何制作凭证、粘贴原始凭证作附件、银行各种结算凭证及支票填写方法等其他细节都应向学生交代清楚。

⑤ 按照财会教学特点、教学内容与要求，建设财会模拟室。模拟环境要求接近真实环境，学生能体会到财务工作氛围。

2. 注意事项

会计模拟教学法主要是针对会计真实流程的模拟，并不是所有的内容都适合采用该方法，在实际应用中，应根据教学内容采取合适的教学方法。在采用模拟教学法时，应注意以下几点：

① 会计工作是一项细致和规范的工作，所以，教学中一定要注意训练学生细致分析问题，制作凭证、登记账簿要仔细核对；严格要求学生规范操作。规范操作是会计模拟教学质量得以保证的基本要求，如书写要求等。

② 注意教师引导和学生主体的统一。教师要明确自己和学生在模拟教学中的地位和身份。教师要发挥的是指导者和评论者的作用，不是主角，学生的角色是问题的分析者和操作者，起主体作用。教师的主导作用主要是准确了解学生的知识和能力，关注学生出现的问题并及时给予提示。

③ 坚持形式与内容的统一。模拟教学在于学生参与和对学生潜能的开发。所以，在模拟教学中要引导学生把自己置于实际情景中，按照实际要求进行操作，坚持教、学、做合一。

参考文献

[1] 中华人民共和国国务院. 中华人民共和国增值税暂行条例（[2008] 538号）[EB/OL]. http://www.gov.cn，2008-11-14.

[2] 陈光. 模拟教学法在高职《基础会计》教学中的运用[J]. 中国成人教育，2006（12）.

[3] 祁伟宏，庞德义. 浅论模拟教学法在高职管理类专业教学中的应用[J]. 科技信息，2008（4）.

[4] 汪清明. ERP原理与应用[M]. 北京：高等教育出版社，2010.

第十章　农村经济管理专业引导文教学法

第一节　引导文教学法概述

引导文教学法是借助一种专门教学文件即引导文（常常以引导问题的形式出现），通过工作计划和自行控制工作过程等手段，引导学生独立学习和工作的项目教学方法。这里，引导文的任务是建立起项目工作和它所需要的知识、技能间的关系，让学生清楚完成任务应该通晓什么知识、应该具备哪些技能等。

一、引导文的构成

引导文的形式决定着教学的组织形式、教学媒体和教材等。不同职业领域、不同专业所采用的引导文也不尽相同。一般来说，引导文由以下几部分构成：

① 任务描述：多数情况下，任务描述是一个项目的工作任务书，可用文字，也可以用图表形式表达。

② 引导问题：引导文常以问题的形式出现。按照这些问题，学生可以想象出最终工作成果和完成工作的全过程，能够获取必要的信息，制定工作计划并实施。

③ 学习目的的描述：学生应知道在什么情况下就算达到目标了。

④ 学习质量监控单：使学生避免工作的盲目性，保证每一步工作顺利进行。

⑤ 工作计划（内容和时间）。

⑥ 工具材料需求表。

⑦ 专业信息：为更好地促进学生学习能力的发展，最好不提供现成的信息，而只是提供获取信息的渠道。信息的主要来源为专业杂志、文献、技术资料、劳动安全规程、操作说明书等。

⑧ 辅导性说明：即在专业文献中找不到的有关具体工作过程、质量要求等企业内部经验的说明。

二、引导文教学的意义

引导文教学法是一个面向实践操作，全面整体的教学方法，通过此方法学生可以对一个复杂的工作流程进行策划和操作，有利于培养学生独立制定工作计划、实施和检查的能力，有利于激发学生学习积极性和取得更好的学习效果。

1. 引导文教学的特点

引导文教学法是项目教学法在现代职业教育中的发展和完善，其主要特点是：

① 学生按照引导问题，通过自我开发和研究式学习，掌握解决实际问题所需的知识技能，从书本抽象描述中构建自己的知识体系，实现具体的理论与实践对应关系的统一。

② 在现代生产条件下，技术工人要想独立应付工作中的复杂问题，仅靠书本知识和基本技能是不够的。他们应当具备独立解决复杂问题的能力和一定的实践经验。引导文教学中，学生从技术材料（如专业手册和设备说明）中独立获取和加工专业信息，从而获得解决新的、未知问题的能力。

③ 快速变化的市场要求员工能够快速适应技术的更新和新产品的开发。而现代企业一些涉及产品的重大决策是在生产过程而不仅是产品设计过程中做出的。这就要求员工有更强的计划和决策等关键能力。引导文法可以系统培养这些能力。

④ 与传统传授式教学相比，引导文法花费时间较多，但学习效果显著改善。在传统教学中，学生往往不知道学习内容在实际工作中有什么作用，引导文法可以很好地解决这一问题，从而调动学生的学习积极性。

2. 引导文教学的一般程序

传统教学方法对培养关键能力如获取信息、独立制定计划等少有作为，而引导文教学法是一种近乎理想化的、全面、系统的能力培养法。引导文法的教学过程分为7个阶段，即：

① 激发学习积极性。学生在课堂通过教师的介绍了解学习任务、操作过程和学习目标。

② 获取信息。学生独立获取制定计划和执行任务所需要的信息。

③ 制定计划。学生通过一份引导材料独立制定自己的工作计划。工作计划常为书面工作计划。

④ 做出决定。在与教师的专业对话中详细讨论经过处理的引导文和拟定的决策方案。

⑤ 实施计划。学生根据工作计划以团队或分工的形式执行计划。

⑥ 检查。根据质量监控制单自行或由他人进行工作过程和质量控制。

⑦ 评定。学生和教师一起对整个工作过程和结果进行评价。

第二节　引导文教学法专业应用一

一、引导文教学法案例一

本案例以“农村经纪人实务”课程中农产品经纪活动教学内容为例，分析引导文教学法的教学过程设计和教学技巧，突出其教学特点和应用条件。

农产品经纪活动	
教学对象	具有一定的农产品营销、农村政策法规基本知识以及农村企业经营管理知识、技能的农村经济管理专业二年级下学期学生

续表

教学目标	使学生能够理解农村经纪人的基本含义、作用，分析出经纪人职业的基本特点、素质要求，熟练运用农村经纪人的经营规则、经营策略以及运营手段，开展好农村经纪人业务活动，达成交易，获取佣金。同时能够增强社会交往能力、组织协调能力以及团队合作精神和对团队负责的意识。
教学内容	农村经纪人业务活动
教学媒体及工具	除传统教学媒体如教师语言、黑板、粉笔等外，采用现代教学媒体，实行多媒体教学
实施过程与步骤	引导文的教学实践可分为六个步骤，它们相互关联，环环相扣，缺一不可。现就农村经纪人业务活动的引导文教学实践过程剖析如下： 1. 咨询 通过布置任务，即进行农产品经纪活动，让学生知道要做什么，需要达到什么目的。借助引导问题和引导文（基础文和信息资料）的帮助，学生在工作开始之前独立获取制定计划和执行任务所需要的信息。专业书籍、杂志、表格和操作指南可以作为信息来源。 2. 计划 工作计划是工作前的思考。要考虑经纪活动所有的相关步骤，考虑所牵涉到买卖双方的可能要求，所必需的材料等。学生（以小组为单位）要把所有的工作步骤排列出来，同时和指导教师交流。 3. 决策 决策是前一步工作的延续，同样是由小组讨论（团队合作）来完成，但指导老师会参与其中，听取讨论结果，帮助选择那些可以接受的、修订了的或者重新制定的方案。 与教师的专业谈话还要讨论引导问题的答案，并补充现有的知识缺陷。讨论作为一个学习的机会，其质量直接受到学生的热情程度、投入程度以及参与意愿的影响。该过程将对那些“较差”的学生提出特别的要求，比如让他们口头回答问题并陈述理由。避免他们简单地从引导文上抄取答案或者总是由“较好”的学生完成任务。 4. 实施 计划的实施由学生独立完成。如果遇到新的问题，指导教师另外提供帮助，但不一定采用授课形式。如在撰写经纪合同时，学生先要明白合同的内容，特别注意经纪合同的主要条款，指导教师做出纠正和补充。指导教师指出学生的错误，而不是马上就给出答案，答案应由小组成员共同寻找。 实施计划以检验方案的可行性。在前一步的讨论中，小组成员可能选择了不同的方案(有些方案不一定很好)。实施时，他们将会相互对比，并发现问题，从而修正、完善自己的计划，最终得出较为理想的结果。通过切身体会、结合实际思考得出的结论，比老师课堂传授更容易被掌握和应用。 5. 检查 每个任务都会有单独的检查表（评分表），学生能在上面了解到，为了实现学习目标，要付出什么努力。这将使他们学会独立地评价自己的工作质量。在计划实施过程中不断进行检查，能及时纠正错误和改善工作质量一般情况下，首先由学生自查，然后由指导教师（或者其他学生）检查。。

续表

实施过程与步骤	6. 评价 最后的评估是与指导教师共同进行小组评价，不是单纯给出成绩，很大程度上是解决出现的问题，及每个学生在下次工作中应该注意的问题。评价工作以对话的形式进行，教师促使学生把自己的评价结果同客观的标准进行比较，学生思考整个工作任务的完成过程，为下一步行动制定改进意见。 引导文教学法的实施过程就是“理论指导实践，实践修正理论”的一个个循环。学生从中学到的不仅是知识，还有工作经验。
教学效果评价	引导文法通过工作计划和自行控制工作等手段，引导学生独立完成学习和工作任务。这种以自学为主的学习方式在教学实践过程中取得了较好的教学效果。 1. 能极大地激发学生的学习欲望，充分调动学生学习积极性。通过逐步完成引导文，促进学生自主学习，促使学生独立学习能力发展。 2. 通过学生独立提出问题、解决问题，可以帮助学生建立起知识与技能问题的内在的联系，实现真正意义上的理论与实践的统一。 3. 通过自学后的测验与谈话，教师可以确定学生理解的程度并能进行系统性的补充。 4. 能力较强的学生主要通过自学来学习，教师可以抽出更多的时间帮助能力较差的学生，做到了真正意义上的面向全体学生。 5. 通过与他人进行专业信息交流和共同制定工作计划，培养了学生的合作能力和其他社会能力。 6. 由于部分同学基础较差，课前准备不充分，对引导问题缺乏完整的理解和把握，运用起来存在一定的困难。

二、应用分析

1. 应用条件

首先，教师主体条件。引导文教学法要求教师在整个的操作过程中尽可能地只在一旁扮演咨询师角色。教师必须提前对工作任务和引导文进行选择。因此，为了应用引导文教学法，教师需要付出相对大的功夫来准备工作。这要求老师必须具备扎实的基础、丰富的实践能力和经验，根据教学目标确定采用什么样的教学法，是否适用引导文，判断标准是什么，熟悉具体任务的操作，提前估计可能发生的问题及解决办法等。

其次，学生主体条件。引导文教学要求学生独立工作，具备针对具体问题的专业知识，从而能够借助教材里的信息文本处理事务，学生必须并能够依据引导问题完成自学。这对学生也提出了更高的要求。但是，由于该教学法从德国引进，据专家估计中国的学生比德国的同龄学生成熟程度约晚两年，加上我国当代多为独生子女，而且受传统教育模式的影响，学习被动、主动性差。故学习之初，学生不能自行决定学习、工作的内容。另外，高校扩招等诸多因素，也使中职生源质量连年下滑。因此，应充分考虑生源素质，并促进学生素质的提高。

再次，教材要求。全面、系统的教材是实施引导文教学法必不可少的条件之一，每个专业甚至每门课都要专门设计、有针对性的开发新教材。把不符合现有学生接受能力和不贴近社会生产实际的内容删除，增加农村经济管理最新前沿理论知识和技能知识，增加学生的实践技能训练，或到企业中找项目作为教学内容。

此外，还需收集最新、丰富、实用的教学材料，准备颜色各样的卡片、各种色笔、图钉、白纸、白板、幻灯片、课件等。这些教具能吸引学生的注意力，为小组讨论等提供辅助。

最后，教学场所要求。引导文教学法主要培养学生独立、自主的学习能力，除独立思考外，还可以通过同学之间相互的观察和交流来学习。因此，教学环境应有利于互相交流和学习，如将教学场地设计成若干圆形、环形或多边形，给每个小组（约六人）分配一个教学场所，将便于小组讨论和相互观摩，使之快速找到自己的正确方法。

2. 注意事项

自20世纪70年代以来，引导文教学法通过行为实践和学术研究得以不断完善，在我国中职教育中广泛应用。但由于教学观念不同，文化不同，学生受教育的环境不同；此外，该教学方法自身的要求和在实践中学生提出的各式问题，对教师的理论知识、工艺水平和实际操作技能都有较全面和较高的要求（三师型）。因而，将给教学实践带来各类问题。现结合农村经纪人业务活动引导文的教学实践，总结出引导文教学法在教学实践中的注意事项：

首先，任务明确，逐步引导学生达到目标。其核心是提出引导问题。通过核心问题的引导，学生学会自己分析引导文所给出的重要信息，由引导文来加强对实际任务介绍的理解（常见引导文如：教材、专业书籍、手册、表格、操作和使用说明书、标准等)。自己制订工作计划、完成工作和检查工作质量。教师结合实际，布置学习任务并准备相应的引导文资料、组织教学活动，学生则根据引导文及相关资料完成相应的理论学习和实习任务。

其次，强调以“学生为主体，教师为主导”。在职业教育中，传统教学方法是以传授实际操作技能为主，其他一切（包括理论知识）都是为操作做准备，教师重在传授具体的操作方法。而引导文教学法，教师只起着指导、引导作用，操作技巧等都需要学生通过讨论自行决定，教学的目的是学会学习。教师针对明确的学习目标，采用“启发式教学”，启迪思维、点拨思路，让学生自己会学、学会，懂得想、想得出，促使学生全部心理活动积极有效地进行和健康发展，使学生不仅能树立正确的人生观和价值观，又能掌握科学的学习方法，培养和发展他们的综合能力。使学生掌握正确的学习方法，并促使学生把学到的理论知识自觉地应用于实践。同时，注重“学生的个性化学习”，赋予每位学生确立自己行为目标的权利，充分发挥潜在能量，培养其关键能力，使之尽快适应日趋激烈的人才市场的竞争。

再次，以行动为导向设计引导问题。引导性问题设计应坚持先行动性问题，后知识性问题的原则。可以把引导问题教学看作是一个为项目做准备的培训过程，学生在课堂上通过引导文了解学习任务、操作过程和学习目标。

此外，避免学生对引导文教学法产生片面的曲解。否则学生的主体意识上升为个人意识，认为个人的想法、选择和个性的发展应该受到绝对的尊重，从而追求个体利益的最大化，进而导致部分学生集体主义观念淡化，缺乏社会责任感，个人主义、利己主义滋生蔓延，片面地追求自我，想干什么就干什么，对他人、对社会冷漠等。此外，引导文教学法对于“对与错”并没有明确的划分，只有相对的好与不好、可行或不可行。如在经济活动的谈判过程中，允许有不同的方法和途径，允许学生犯错误，也允许教师犯错误。在此过程中，学生不但可以找到合适的答案，还能通过对比获取经验。因为经验是不能直接传授的，只有自身的体验才最深刻。

最后，教学管理应松紧适度。实施引导文教学法，教学管理是很复杂的工作，引导文教学法很注重个性发展。它不要求学生同步学习，领悟能力强的学得自然快，接受能力弱的进度就会慢。而且同时进行的还不止一个任务，如在农产品经纪活动中，市场调研与预测、组织货源与促销、谈判与签订合同等，学生自己协调控制该做什么有的进度快，有的进度慢，似乎很混乱，但要做到“乱中有序”。此时，如果时间要求“紧”，学生就敷衍了事、手忙脚乱，不能达到教学目的；如果放得“松”，主动性差的学生就会偷懒，严重的会导致不能完成实训任务。因此，老师必须详细记录学生的实习档案，每周开展教研活动，彼此交流情况，以便能掌握每位学生的实习进展。

附：引导文一

农产品经纪活动

导言：

农村经纪人又叫涉农生意中间人，在农村流通领域撮合成交或直接组织农产品交易，在厂商和农民，城市和农村之间筑起金色的经济桥梁。大部分农村经纪人从事粮食、蔬菜、水果、水产品等农副产品经纪活动，受农产品的季节性影响，农村经纪人的经纪活动一般随农产品的生产季节而变化。如在秋季，粮食、蔬菜、水果大量成熟，农村经纪人的活动最为忙碌。假如您和其他几位农民都是农村经纪人协会成员，要对农产品营销活动进行计划和准备。在此过程中，农产品营销活动的组织安排要符合初衷，在协调好供给双方关系，既要使供给方农民以合理的价格把农产品卖出，又要使需求方特别的愿望和要求得以满足的基础上，最终使自身的利益也达到最大化，并能可持续性经营。

本引导文帮助您去认识了解，要想使农产品经纪活动取得成功，实现三赢（农户、客户（买方）、经纪人），哪些方面是经纪活动必须考虑的，经纪人活动有哪些技巧？农村经纪人间信息沟通、具体协商具有怎样的重要意义？

学习目标：

- 对农产品经纪活动整体组织进行初步考虑。
- 了解如何寻找市场信息、进行市场预测。
- 了解不同农产品的特点（包括品质、特性、生产季节等）。
- 了解和贯彻有关农村经济人活动规则和法律制度。
- 了解农村经纪人开展活动应具备的基本知识和基本技能。
- 了解农村经纪人活动方式及过程，在活动过程中需把握的基本原则。
- 了解客户需求，把握市场特点。如何有效地连接供给与需求，沟通生产与流通，在农民与市场之间实现自身的价值。
- 检验和评价工作结果。
- 了解影响产品定价的主要因素，确定合理的价格。

- 如何组织货源，确保产品质量。
- 农村经纪人如何保护自己的权益，最大地获取经济收益，确保安全地获取佣金。
- 避免价格竞争，努力树立品牌意识。
- 如何控制成本和规避风险。

信息资料，辅助手段

- 陈红华，张敬尊.农村经纪人读本(社会主义新农村建设丛书) [J]. 北京：中国农业大学出版,2006.
- 王晋杰.农村经纪人实务手册(经纪执法人员培训指导丛书).北京:中国工商出版社,2007
- 农村经纪人应该遵守的相关法律法规，如：消费者权益保护法、劳动法、反不正当竞争法、质量法、食品卫生法。
- 经纪人管理办法，经纪合同范本，农业订单合同示范文本(选编)。
- 参考网址：如http://www.89109878.com，http://www.agri.gov.cn，http://www.cast.net.cn，http://www.agronet.com.cn

提示（说明）：

开始引导文工作之前，请阅读下列内容：

- 引导文将信息获取（计划）与实践应用和自我检验联系起来。工作任务的顺序一般情况下不能更改和替换。
- 引导问题并不是呆板不变的，而是应当根据企业实际情况来使用。因此引导问题可以更改或补充。
- 引导问题以及问题分析中出现的困难学生应与教师商量。原则上学生应独立分析解决引导问题。
- 结果应由学生与教师共同进行评价。
- 学生共同分析工作任务能够促进相互间的信息沟通交流，具有重要意义。
- 成功的重要标准并不是尽可能减少错误，而是学生去联系，如何独立的分析和完成某个任务。

准备：________________农产品经纪活动

1. 您的任务是进行农产品经纪活动。

请在下列信息中挑选出对与上述任务至关重要的信息

□农产品种类

□农产品数量

□农产品品质

□天气

□买方（客户）的年龄、文化程度

□买方（客户）的信誉度

□买方（客户）的实力，如公司规模

□买方（客户）的主导产品、品牌优势

□卖方（农户）的信誉度

☐卖方（农户）的文化层次

☐卖方（农户）农产品品牌

☐卖方（农户）的农产品产地

☐市场行情

☐运载工具

☐国际农产品价格

☐价格支付方式

☐交易时间

☐交易地点

2. 请根据经纪人管理办法，以及消费者权益保护法、劳动法、反不正当竞争法、质量法等相关法律法规的规定列举出您在经纪活动过程中必须注意的事项。

3. 列举农村经纪人业务活动原则。

4. 请根据农产品的种类，事先与买卖双方联系，获取有关信息，并将信息整理。

- 与卖方联系，了解他们关于产品的要求，如农产品种类、品质、颜色、大小、数量、收购价格等，并记录下来。
- 与买方联系，了解他们的要求，如收获时间、卖价、成交方式、交货地点、付款方式等，并记录下来。
- 信息的收集方法、信息的来源、有用信息的分类、信息整理和加工、信息的利用、信息反馈、信息再提炼……

5. 代表买方或卖方进行谈判。

向买方提出相关建议，如收购时间、产品类别、收购价格、付款方式、交货地点等；向卖方提出相关建议，如产品分类、包装、价格等。

6. 基于买方需求，将农产品基本需求量及对应价格填入下表。

品　种	单　价	数　量	备　注

7. 请说明经纪活动安排情况概要。

8. 请向买卖双方以及教师说明您的建议，并记录他们的调整建议。

9. 请制作买卖双方协商后的农产品数量和价格表，并检查和核实相关情况。

品　种	单　价	数　量	备　注

10. 在协商的数量和价格基础上，起草交易活动所需要的文件。

11. 买卖双方进行交易活动。

12. 获取佣金。

13. 请说明需要的工作人员人数和任务分配情况？

14. 请按正确顺序列出您的工作所包含的必要工作步骤，并给出时间计划安排（时间跨度可为若干天）。

15. 请与教师商量您的工作流程计划。

16. 请具体实施完成您的工作任务。

17. 根据下列标准检查和评价您的工作任务完成情况。

项目	什么对我来说是成功的？	什么对我来说不是很成功？
（1）整体结果		
（2）农产品交易额 品种 数量 价格		

续表

（3）工作技术、谈判技巧		
（4）经纪活动安排		
（5）实际收益、佣金		
（6）买卖双方的满意度		

请与您的教师讨论您的评价结果。

第三节 引导文教学法专业应用二

一、引导文教学法案例二

本案例以中职农村经济管理专业核心课程“农村经济”课程教学中的农业计划管理教学内容为主体，采用引导文教学法，分析基于行动导向的引导文教学的教学过程和特点。

农场生产经营计划书	
教学对象	具有一定的农业经济管理基本知识和公文写作的基本技能的农村经济管理专业二年级上学期学生
教学目标	能够比较计划的类型，分析其特点以及基本程序，能够根据涉农企业的特点制定企业生产经营目标，分析计划管理中存在的问题并提出解决方案。在灵活运用SWOT分析方法的基础上，编制好农场生产经营计划书。理论联系实际，提高经营管理的能力和水平。同时培养学生严谨、务实的工作态度和勇于创新的精神，提高组织管理能力和责任感。
教学内容	农业计划管理
教学媒体及工具	除传统教学媒体如教师语言、黑板、粉笔等外，采用现代教学媒体，实行多媒体教学。
实施过程与步骤	根据完整行动的原则，此引导文教学法的教学过程可分为以下7个阶段： 1. 激发学习积极性 现代农业要有科学的计划指导和现代组织形式，计划的制定和实施要有一套科学的程序和方法。良好的计划书对于企业的发展起到至关重要的作用。老师借助头脑风暴法提出问题，学生在课堂上通过老师的介绍了解农业计划管理的学习任务、学习目标以及操作过程，进而唤起学生对学习农场生产经营计划书制定的兴趣。这一步是为以下各个阶段做准备。 2. 获取信息 这个阶段主要解决学生“应该做什么”的问题。学生通过引导文，获得制定农场生产经营计划书所需要的信息。引导问题制定搜寻和解决问题的进程。 3. 制定计划 这个阶段解决“应该怎样做”的问题。学生通过老师给出的引导材料，独立制定自己的工作计划。

续表

实施过程与步骤	4. 做出决定 在这一阶段，学生主动与教师讨论工作计划和引导问题的答案，同时教师将会检查学生是否已掌握有关农业企业计划书制定的相关知识。 5. 实施计划 学生根据工作计划以团体或分工的形式执行训练任务。计划的实施由学生独立完成。如果遇到新的问题，指导教师另外提供帮助，但不一定采用授课形式。 6. 检查 在计划实施过程中学生不断进行检查，及时纠正错误和改善计划书的设计质量。一般情况下，首先由学生自己检查生产经营计划书的设计情况，然后由指导教师（或者其他学生）检查，并交流学习经验和心得体会。 7. 评价 学生演示（或用PPT）介绍农场生产经营计划书制定的工作过程，然后由学生点评，教师对每组结果进行评价，共同讨论，提出修改建议。
教学效果评价	1. 引导文教学法强调“学生为主体，教师为主导”，针对明确的学习目标即制定生产经营计划书，采用“启发式教学”，使学生掌握正确的学习文法，并促使学生把学到的理论知识自觉地应用于实践。
教学效果评价	2. 过引导文教学，不仅要求教师引导学生对计划管理知识的学习，解决计划管理中的某些问题，而且要求学生确定学习目标、制定学习计划、选择学习方法，帮助学生消化、理解、巩固和深化所学知识，同时使学生掌握科学的学习方法，培养和发展了综合能力。 3. 引导文教学法强调自我评价，通过自我评价有利于培养学生的自学能力、独立分析问题和解决问题的能力，不达目的决不罢休的意志品质；有利于学生掌握独立获取信息、独立制定计划、实施计划、评估计划的职业行为能力；有利于增强学生的自信心和逻辑思维能力。 4. 引导问题是引导文教学法的核心。通过核心问题的引导，学生学会自己分析引导文所给出的重要信息。引导问题适应各层次学生的水平和学习进度，在鼓励优秀学生的同时，也不放弃成绩稍差的学生，有利于调动全体同学学习积极性。 5. 教师课前准备状况、学识水平、工作态度以及学生的知识基础、接受能力、学习态度对整体教学效果都会产生影响。

二、应用分析

1. 处理好引导文与现行教材之间的关系

引导文与现行教材之间存在着既相互联系、相互依存，又相互独立、相互制约的关系。所以，在引导文的开发过程中，既要克服简单地将教材等同于引导文的错误倾向和作法，又要避免草率地将教材与引导文隔离开来。现行教材多以传播知识为主，侧重于知识的科学性、系统性，是学生学习文化知识的基本读物；而作为引导文教学法所必需的教学文件——引导文，在重视知识传播的同时，更注重引导学生掌握学习知识、培养能力的过程和方法，它侧重于学习方法指导，以行动为导向，以能力培养为出发点。着力于学生学习过程中的引导问题，即对学习方法、学习途径、学习应具备的知识与能力、评估范围与标准等因素进行研究和探讨，为学生的学习过程制定出切实可行的学习方案。

2. 处理好教材与相关教学用书之间的关系

任何知识都不是孤立的，它不仅以前人的知识为基础，而且形成体系，各种知识相互关联，相互渗透，互为条件；同时，随着当今社会知识急速发展，技术更新加快，已进入信息时代，所有这些都决定了教学过程不能仅以单一的教材作为教学的唯一图书，而应将教材、教学型辞书、教学读物三者合理配套，同步使用。因此，以“教材是教学的基础，读物式教材的拓展和延伸，辞书是略高于、略深于教材和读物的备查资料”为原则，编写、选择和使用教材、辞书、读物是教学过程中，特别是采用引导教学法的教学过程中的一个非常重要的环节。

3. 处理好教师与学生之间的关系

引导文教学法的实质就是“引导”学生。“以学生为主体，教师为主导”是引导文教学法的典型特征。“引导”是教师在教学中正确发挥主导作用的重要标志，它主要体现在：尊重学生主体地位，激发意向，启发思维，点拨思路，授以方法，让学生自己会学、学会，懂得想、想得出，促使学生全部心理活动积极有效地进行和健康发展。教学实践中，教给学生学习的方法没有固定的模式，应因课而异，因人而异，重要的是要引导学生处理好教与学、学与习、学与问、学与记等各种关系，使学生在学会知识的同时切实掌握“会学”的本领。

4. 处理好讨论与评价之间的关系

学生之间、学生和教师之间进行讨论是取得良好计划的关键环节。运用引导文教学法实施教学的过程中，不仅要求教师在学生独立制定学习、工作计划后，与其讨论计划的可行性和合理性，而且更重要的是要求教师在学生完成学习、工作计划时，应及时帮助和指导学生进行自我评价。通过自我评价这一教学环节的实施，有利于培养学生的自学能力、独立分析问题和解决问题的能力，不达目的决不罢休的意志品质；有利于学生掌握独立获取信息、独立制定计划、实施计划、评估计划的职业行为能力；有利于增强学生的自信心和逻辑思维能力。

附：引导文二

题目：

农场生产经营计划书

姓名：________　　班级：________　　日期：________

有关本题目的相关信息可以查询以下资料：

参考书：《农业经济管理》、《企业经营管理》、《农业企业经营管理学》

请您简要地回答以下问题：

1. 请您补充填写：对于企业而言，计划通常划分为________、________、________.

2. 企业计划的程序包括：

____

____

____

3. 农场经营环境分析模型的基本框架是________。

4. SWOT分析的基本思路是：

____

____

5. 请您用图画出农场经营活动环境分析的系统模型。

6. 请您补充填写：农场外部经营环境中最直接、最明显影响农场经营的是_______。因此，农场经营者着重研究产品市场的需求、供给和竞争情况。

7. 请您补充填写：五力分析法是进行产业环境分析的基本模型。由于农业的特性和我国农业经营形式的特点，________并不构成农场产业环境分析的重点，管理者要着重分析的应该是以下三个方面：

____

____

____

8. 价值链是分析企业内部经营环境的重要方法。价值链是由一系列生产经营活动构成的，主要包括基本活动和支援活动。试举例说明：

9. 农场建立竞争优势的基础主要包括哪些？其中最重要的基础是什么？

10. 农场建立竞争优势的策略有哪些？如何分析运用？

11. 农场生产经营目标的确定原则和依据有哪些？

12. 请您补充填写：对于业务较为简单的小型农场而言，制定目标一般采用“_____”程序，即先由企业上层提出总目标，再层层下达。

13. 生产经营计划是企业在战略计划的指导下，根据企业的经营目标、方针、政策等制定的计划，它的特点是______和______。生产经营计划一般以计划为主。

14. 请您列出农场生产经营计划书的结构，并用图画出其基本框架模式。

15. 请您书写一份农场生产经营计划书。

参考文献

[1] 辛连宝. 引导文教学法初探[J]. 现代企业文化，2008（35）.

[2] 郑舟杰. 引导文教学法教学实践探析[J]. 珠海城市职业技术学院学报，2007（3）.

[3] 农业部农民科技教育培训中心，中央农业广播电视学校. 农产品市场营销[M]. 北京：中国农业大学出版社，2008.

[4] 农业部农民科技教育培训中心，中央农业广播电视学校. 农村经纪人读本[M]. 北京：中国农业大学出版社，2008.

[5] 周慧秋. 农业经济管理[M]. 北京：中国农业科学技术出版社，2008.

第十一章　农村经济管理专业考察教学法

第一节　考察教学法概述

考察教学不是参观教学，它是由教师和学生共同计划，由学生独立实施的一种“贴近现实”的活动。考察教学法是一种由教师和学生共同参与的教学方法，这种教学方法的中心是学生独立搜集和整理不同来源的信息。一般来说，考察教学法可用于对企业内外部环境感性的、形象化的调研，企业流程和内部联系的概览，获知问题内部联系和相互作用关系，分析人类侵犯自然造成的影响，促进交流能力等方面。

一、考察教学的意义

考察教学意味着学生要在实践现场对事实情况、经验和行为方式进行有计划的研究。因此，考察教学能促进学生独立行动、好奇心、责任感和有计划的行动，有助于培养学生走近现实，在独立组织的学习过程中认识理解现实的能力；有助于培养学生的社会能力、交流能力、团队工作能力以及开发新环境和新任务的能力。同时，考察教学通过个人体验，有助于提高学习效果。

二、考察教学的特点

① 现实性。与现实状况紧密结合起来，反映的是学生在企业、公司等真实现场的感受。

② 互动性。每一个参与活动的人都可互动，教师、学生、企业人员等之间可以产生互动。在信息的收集、评价等阶段也可形成互动。

③ 计划性。考察教学是建立在深入细致的计划上的，不能随意、任意进行。

三、考察教学的一般程序

① 准备阶段。主要工作是：确定考察的主题和考察的范围，学生独立描述考察目标，就考察主题与相关负责人员建立联系，确定考察日期和考察所需时间等。

② 计划阶段。主要工作是：小组间区分考察任务，商量考察流程和确定考察对象领域，小组内分配考察任务，考察地点信息收集，问卷表、考察内容核查表、记录报告等材料的准备，记录文档的管理等。

③ 执行计划阶段。主要工作是：现场进行考察的协商和协调，根据考察任务各小组独立进行调查、观察、记录和报告等工作，考察完后立即进行总结讨论。

④ 评价、汇报阶段。主要工作是：小组中交流感受和成果，就考察行动步骤和方法方面的经验进行讨论，成果讨论和总结，以小组方式汇报考察成果。

⑤ 反馈阶段。主要工作是通过对一些引导问题的讨论获取反馈信息。引导问题可以是：哪些方面还可以进一步改进提高？时间计划安排可行吗？还有哪些问题？考察评价中有进一步改善的建议吗？与考察地代表就考察成果的讨论有收获吗？等等。

第二节　考察教学法专业应用一

一、考察教学法案例一

下面以农村经济管理专业选修课程“农村经济调查”教学中完成“社会主义新农村建设典型示范村”考察学习任务为例，明确考察教学法与传统的参观教学的区别，领会考察教学法的特点和教学过程的设计与组织。

1. 教学对象

农村经济管理专业三年级学生，已经基本完成专业课程的学习，正在学习选修课程“农村经济调查”。

2. 教学目标

培养学生走近现实、在独立组织的学习过程中认识、理解现实的能力。

3. 教学内容

专业实训：“社会主义新农村建设典型示范村”考察。

4. 教学媒体及工具

在真实的某新农村建设示范村完成学习任务，考察中准备访谈提纲和钢笔、记录本，摄像机、照相机等工具。

5. 实施过程与步骤

实施过程包括：

准备──► 计划──► 执行──► 评价/汇报──► 反馈五个环节。

在整个考察实施过程中，老师的任务是：与学生共同商定考察初始情境、目标、所需时间和期望考察结果；提供考察框架条件导向；为学生提供必要的帮助。学生的任务是：考察计划；建立联系；搜集信息；对信息进行整理和评价；汇报考察成果。

（1）准备

① 确定考察主题和考察范围。

考察主题和范围是指学生应通过考察所了解认识的生活领域、现实片段。考察主题可以由老师根据专业人才培养需要考虑决定，考察范围则可由老师和同学围坐在一起通过讨论的形式确定，讨论采用头脑风暴法的形式进行，围绕讨论主题，归纳分类，确定考察范围。本案例中，通过讨论，大家确定考察目标为了解“新农村建设示范村的建设成绩与不足”，提高同学们对社会主义新农村建设本质和目的的深入认识。讨论决定从党中央提出的新农村建设的二十字方针出发，即“生产发展、生活富裕、乡风文明、村容整洁、管理民主”，将全班同学分成五个小组，每个小组采用头脑风暴法确定每个具体方面内容的考察范围，并在大组展示，再次补充讨论后最终确定各子主题的考察范围。

考察内容示例：

目　标	生产发展	生活富裕	乡风文明	村容整洁	管理民主
内　容	农业产业化发展情况、集体经济发展情况	村民总收入和收入结构	公共娱乐设施建设（面积，内容）	村容建设规划情况	村干部选举情况，村民满意度
	生产资金、信息、技术来源，农户满意度	村民非农收入主要来源	村民休闲形式，对文化活动的期望	村级道路建设情况	村务公开情况，村民满意度
	生产社会化服务发展情况	村民消费结构、消费特征	文化下乡情况（下乡的形式，内容）	住房规划、面积、设施等	村民参与村务管理情况
	农业基础设施建设情况	村民的医疗、养老等社会保障	农村邻里和睦、尊老爱幼等风气	厕所改建、垃圾处理	重大事情决策程序

② 就考察主题与相关负责人员建立联系。

确定了考察主题和范围后，由老师就考察意愿与考察村村长进行前期联系。在具体日期确定后，由班长通过电话形式再次与考察村村委会取得联系，详细说明考察内容，约定考察日期和说明考察所需时间（一天）。

③ 必要的技术和组织方面的帮助。

班长到学校管理部门开具身份证明材料，便于考察接洽时使用。

（3）计划

计划环节是整个考察工作成功的关键，学生必须认真做好细致的计划，规划好工作流程，为下一步考察实施做好充分的准备。

① 小组间区分考察任务。

根据前期确定的考察内容，全班同学自我分成五个小组，每个小组承担一个方面内容的考察任务。

② 小组工作设计考察计划和行动步骤。

每个小组各自设计具体的考察计划和行动步骤，采用内部讨论形式，设计具体的考察计划，商定考察流程和确定考察对象领域。设定决定采用的调查技术，如面谈、拍照、观察等，并列出详细的计划表格。另外，除了各小组的考察计划设计外，教师要根据全班同学的调查内容与大家一起科学合理规划整体的行动步骤和流程，如小组成员中哪些负责访谈村委会干部，哪些负责走访农户，哪些负责访谈合作组织管理者等，明确每一个考察地点相关学生的调查任务，做到科学合理利用时间，在预定的时间内顺利地完成考察任务。

“生产发展”内容考察计划表示例：

考 察 内 容	谈 话 对 象	地　点	时　间	调查方式
农业产业化发展情况、集体经济发展情况	农民专业合作社管理者、村干部	专业合作社办公室、村委会办公室	上午	访谈
生产资金、信息、技术来源渠道及满意度	规模农户、专业农户、农技员	农户家 农技站	下午	访谈
生产社会化服务发展情况	当地生产社会化服务组织管理者	待定	下午	访谈
农业基础设施建设情况	村长、农户	村委会办公室 农户家	上午	访谈、观察

③ 小组内分配考察任务。

根据计划设定的考察内容，每个小组继续在内部进一步细化分配考察任务。从决策、行动等多方面考虑，小群体工作优于单个的个人。因此，可考虑两人作为一个工作伙伴组，分配一个具体的考察内容。

④ 考察地的信息搜集。

各小组自我借助地方网络搜集考察地的基本信息，如地理位置、基本情况、特色项目、主导产业等，熟悉考察地的基本情况，做好考察的背景资料准备。

⑤ 材料准备。

根据考察计划，各小组进行考察前的各项材料准备工作。以“生产发展”考察内容为例，首先小组集体讨论本内容材料的收集方式，如在农户生产资金来源方面设计采用简单的问题提纲，在农业基础设施建设情况方面设计采用访谈村干部和观察法作为辅助调查的方式等。然后各工作伙伴组根据分配的任务分别自我设计详细的访谈提纲，如提哪些问题，向谁提问，农户的数量，如何确定其代表性等，在访谈时，如何进行任务的分工，由谁与“访谈对象”谈话，又由谁来记录谈话内容，由谁负责拍照或摄像，由谁准备相关器材等，要将工作的每一个细节尽量考虑周全，接着各工作伙伴成员间交流各自设计的问题和内容，相互间讨论修改和补充遗漏问题，最后小组汇总，统一交指导老师检查，获得批准后开始执行考察计划。

（3）执行

① 现场进行考察的协商和协调。

到达考察地点——新农村建设示范村某村部后，由班长和团支书负责与考察村村长进行洽谈，将学校介绍信附上，并对村里给予的支持表示感谢，请村长向全体同学介绍该村新农村建设的基本情况，然后分小组行动。

② 根据考察任务各小组独立工作。

分开行动后，部分调查内容与村委会相关的同学可以与村委会干部进行座谈，调查内容与农户相关的同学持访谈提纲分散走访农户。与农户接触要注意与农户正确的沟通方式，如采取拉家常或表明学生身份方式，说明来意，获得对方的支持和配合。在工作过程中注意文字记录、与考察主题相关的场景的拍照或摄像，为考察汇报材料做好充分的素材支持。在访谈提纲设计时可能由于没有实践经验，有些问题可能没有考虑到，因此，谈话中获得的新的信息非常重要，要注意记录下来，对后面的成果分析很有帮助。

（4）评价/汇报

① 小组中交流感受和成果。

考察结束后，并不是此次学习任务就完成了，任务仅仅完成一半，回到学校，大家要立即将通过访谈、观察等获得的材料进行整理和分析，并设计成考察成果进行汇报，成果形式可以是一篇调查报告，也可以做成PPT形式的演示稿，汇集图片、文字讲解、数据材料或录影的生动画面等，多种形式结合进行演示成果说服力更强。

首先小组内部进行考察成果交流和汇报。各工作伙伴组可以将前面整理好的成果在小组会上进行汇报，接着大家对调查工作相互进行评价，讨论设计的考察目标是否实现，对考察结果进行反思；大家还可交流考察心得和体会，针对新农村建设问题在实地考察后产生的新认识，提出自己的看法和想法；也还可以就考察行动步骤和方法方面的经验进行讨论，为下次的实地考察学习获得经验准备。最后小组长针对本组的调查作整体评估，对材料进行汇总、分析，对内容进行加工，如决定材料的演示秩序，展示的方式等，最终形成小组的汇报成果。

② 以小组方式汇报考察成果。

小组讨论结束后，老师召开全体同学参加的考察总结大会，每个小组委派一名代表进行成果汇报。在这个环节中，教师可以进行教学情境设计，首先每个小组代表分别上台发言，阐述考察成果，其他小组成员和老师都可就其汇报材料向其提相关问题，汇报小组的代表和小组成员进行回答和解释，在问答过程中大家可以对各小组的工作成效进行有效的判断和评价。

（5）反馈

考察教学的最后一个环节是大家集中对本次考察学习进行反思，一般来说，可以从以下几个方面进行思考：

① 哪些方面还可以进一步改进提高?

如考察的范围设计是否合适，考察计划内容设计是否合理，问题设计是否细致，调查对象有没有需要调整或增加的，下次如何改进等。

② 时间计划安排可行吗?

时间安排一天是否够用，分析是否因为时间仓促降低了考察成果的质量。

③ 还有哪些问题?

如在到农户家走访前是否考虑到不在家的情况，或家里只有妇女和老人，不愿接受访谈的情况，如何解决这一问题。

④ 考察评价中有进一步改善的建议吗?

⑤ 与考察村村委会干部就考察成果的讨论有收获吗?

6. 教学效果评价

考察教学是对学生进行综合能力训练的行动导向教学方法之一。本案例中要求学生独立对社会主义新农村建设示范村的考察活动进行全过程计划、实施和评价，这是一项研究性的活动，对中职学生来说有一定的难度，是一项挑战，但也是对他们能力的一种很好的锻炼。为完成调查的各环节任务，学生必须与他人合作，包括在准备与计划阶段与同学之间的沟通、意见交换，在调查中需要与陌生人进行面谈并对其内容作出评判，最后需要向小组展示调查结果等，教学过程设计对学生交流能力、社会能力、团队工作能力和独立行动能力等提高具有良好的效果。

二、应用分析

1. 应用条件

考察教学法要求应用于中职农村经济管理专业三年级实训环节训练，考察选题要求与真实环境联系紧密，与专业特点和学生培养目标一致。应用考察教学方法教学，要求学生基本已完成各个模块的课程教学，对未来职业有一定的规划和认识，具备较好的专业知识基础，能够较好地把握调查主题和调查范围内容，能够自我设计调查计划、调查对象和调查方式等，能在老师的协助下完成从计划制定、建立联系、具体实施、到成果汇报和考察结果反馈的全过程。

2. 注意事项

① 首先要明确，考察教学法与传统的参观或考察教学不同，参观考察只能视为考察教学中的一个环节，而且如果没有前期的准备和计划工作，参观的效果将大打折扣。因此，在学习了考察教学法后，要明确职业教育中行动导向的考察教学法是从考察准备、考察计划到具体实施、成果评价、反馈与思考的全过程的设计，不仅仅是参观。将传统的参观、考察教学转向采用完整过程设计的考察教学法教学，这更有利于锻炼学生的综合能力，提高教学效果。

② 在本案例中，教师基本是放手让学生完成了从联系调查对象到实地考察、成果汇报等全过程的工作，但不是什么都不管，教师要尽量为学生完成本次学习任务提供必要的帮助和指导。如因为学生缺少相关方面的实践经验，可能有些问题在准备阶段的考虑不太周全，在访谈时可能出现难以控制好谈话时间和谈话内容的现象，如果这是学生第一次进行真实环境的考察，老师可以用角色扮演法来指导学生掌握访谈的技巧。

③ 教学在真实的环境中完成，学生独立工作时要注意安全问题。

第三节　考察教学法专业应用二

一、考察教学法案例二

本案例以“涉农行业创业情况调查”为例，分析考察教学法在探究性学习中的应用。

1. 教学对象

学习“农村经济调查”农村经济管理专业三年级学生。

2. 教学目标

要求学生对与农村经济管理有关的创业问题进行一次探究性活动，促进学生独立行动、好奇心、责任感和有计划的行动，促进学生开发新环境和新任务的能力。

3. 教学内容

专业实训：某地区涉农行业创业情况调查。

4. 教学媒体及工具

在真实的环境中完成学习任务。

5. 实施过程与步骤

实施过程与案例一相同，包括五个环节，具体如下：

准备⟶计划⟶执行⟶评价/汇报⟶反馈。

（1）准备

① 学生独立描述考察目标（考察任务）。

老师提出学习任务，学习项目为本地区涉农行业创业情况调查，向每位同学发放一张卡片，要求每一位同学写一个与主题相关的自己想调查内容的关键词。老师和同学们一起将卡片归类，张贴在白板上，形成考察范围组（具体注意事项见前面讨论教学法案例二）。

考察范围分组示例：

关键词归类	考察范围组
政府支持政策、创业培训、优惠条件、资金来源等	创业环境
自身素质、经验、知识要求、管理水平、创业理念、人际交往能力等	个人素质特征
选择行业、创业模式、岗位、高新技术园区、现代农业、专业种植、生态养殖、乡村旅游、农家乐等	创业行为

② 就考察主题与相关负责人员建立联系。

与上一案例相比，本案例的考察任务难度较大，它的考察地点不是在一个固定的范围，具体的调查对象还没有明晰。如调查对象中创业的主体，需要通过一定途径去寻找，如何寻找，也是对同学们的一次能力考验。老师可以提供帮助和线索，指导大家先到县劳动部门、民政部门、工商部门等单位去了解本县本地区涉农行业创业的基本情况，并获得一些培训机构和创业典型个人等的信息资料，再根据这些线索具体思考下一步调查计划。

③ 考察日期和考察所需时间。

由于考察地点范围不固定，调查难度较大，因此可将考察时间设为三天。

（2）计划

① 小组间区分考察任务。

根据前面的关键词归类，将调查范围分为三个子主题，一是对创业环境的调查，包括政府的创业支持政策、优惠的税收、信贷条件、对创业意愿者的培训情况，以及民间组织、行业协会等的支持等。二是对创业者个人的调查，了解其创业理念、个人特征、精神面貌、知识积累、管理水平等，获得创业成功者的形象素描。三是对创业者的行为进行调查，包括选择的行业领域、创业的模式、创业遇到的主要困难等。

② 商定考察流程和确定考察对象领域。

根据调查主题，大家基本可以确定调查对象领域范围，政府劳动部门及相关创业问题管理部门领导、新型农民培训任务承担学校、创业园区企业、较典型的创业成功人士等是调查的主要对象，根据调查对象确定调查流程计划。

③ 小组内分配考察任务。

接下来，三个小组独立活动，分别就承担的子主题部分进行内部任务分工。小组内大家集体讨论要去获得哪些资料，交流如何去获得想要了解的信息等，讨论时一定要抓住主题，了解要获得哪些关键的内容，以及如何去获得这些内容。

以“创业环境”调查主题为例，设计的工作计划安排表示例：

阶　段	时　间	活　动	方　法
第一阶段	半天	集体到劳动部门搜集当地创业的支持政策和优惠措施材料	听汇报，作记录，问答
第二阶段	半天	分别走访不同的承担新型农民培训的学校和管理单位，了解培训方式、机制和培训内容，对象来源等	谈话交流，作记录，场景拍照
第三阶段	2天	分组对创业群体进行访谈，主要了解其对创业环境的感受和需求	问卷、交谈、观察、拍照

④ 考察地点信息搜集。

根据工作计划安排表，搜集考察目的地的信息，包括地理位置、交通路线图，所属部门等，为计划的执行作准备。

⑤ 材料准备。

材料准备是这个环节中较细致的工作之一。根据本组设计的调查计划工作表，准备考察每一阶段需要的材料，由于此案例与前面案例面临的情境不同，因此，材料的准备按阶段分别准备。以“创业环境”调查为例，小组内部可分为三个材料准备组。第一组准备第一阶段的劳动部门访谈问题；第二组准备第二阶段农民创业培训问题的访谈提纲和问题；第三组则设计创业主体“创业环境”访谈的调查问卷。

各小组计划和材料准备工作完成后，进行一次大组集中汇报，对前面所作的准备工作进行集中介绍，小组在介绍时，老师在一旁观看，让小组间相互交流，相互之间帮助改进，最后老师检查认可。

（3）执行

① 根据考察任务各小组独立工作。

每个小组按照各自的调查计划工作表流程开始进行独立考察工作。由于后面调查地点和对象的信息需要在第一阶段调查中获得，因此，每个阶段任务完成后，小组内部再对下阶段的任务进行分工。以“创业环境”调查为例，第一阶段小组集体行动，获得下一阶段信息后，分小组行动；第二阶段任务完成后，根据前面两个阶段工作中获得的第三阶段调查对象——创业主体的信息，再分组进行调查。对创业主体的调查环节，由于三个主题都与创业主体有关，因此，各小组之间可以相互配合，将三个专题方面的问题整合成一套大的问卷，这样不同小组间可以访谈不同的创业主体，既可节约时间，又能增加调查对象的数量，使调查工作成果更有价值。

工作过程中要注意工作伙伴之间的有效配合，确定相应的任务责任人，如由谁主要负责提问，由谁主要负责记录，拍照等，记录最好由多人负责，以免谈话内容的遗漏。工作时遇到困难要相互商量，并及时向指导老师汇报。与上一案例相比，本案例的具体考察工作的执行难度相对较大，调查地点面广、范围宽，遇到的不可预计的问题可能会较多，需要老师对考察的执行过程进行跟踪管理，并提供必要的帮助和协助。

② 考察完后立即进行结束讨论。

考察任务完成后，各小组内部及时进行简单的结束讨论，对调查收获的材料进行初步整理，发现材料中的缺陷和不足，如问卷中选项的漏填、问题的漏问等，及时采用电话调查形式进行补充调查。

（4）评价/ 汇报

① 小组中交流感受和成果。

各小组针对整个调查进行整体评估后，对材料进一步汇总分析，看调查是否紧密与主题结合在一起？是否达到了调查目的等。同时，小组成员围坐在一起，大家相互听取别人介绍取得的成果和调查过程中的感受，这种交流非常重要，在这个小群体中，每位同学都能详细的了解别人工作的过程，分享大家从此次任务中获得的经验。小组内部的这次讨论重点不在成果的展现，重点在大家交流和体会调查的过程所获得的宝贵经验和知识，这是在课堂学习中难以获得的。

② 就考察行动步骤和方法方面的经验进行讨论。

小组内部交流后，小组之间还可以就设计的考察行动步骤和方法等方面的经验和存在的不足进行相互交流。

③ 成果讨论和总结。

各小组成员按行动逻辑整理调查过程汇报材料，设计汇报材料格式，教师可要求学生用流程图、图片等多种元素结合做成PPT演示图的形式进行调查过程的工作汇报，并要求结合调查主题撰写一篇的调查分析报告，如“关于我县创业环境情况的调查与分析”。

④ 以小组方式汇报考察成果。

完成自由讨论和相互经验交流后，老师将大家集中起来，召开此次考察学习总结会，以小组方式汇报考察成果。汇报时要求每个小组要突出调查获得结论。如对创业环境的调查，通过调查后，研究本地区创业的环境到底如何。如对创业的创业群体进行调查后，是否明确要获得创业成功，应具备哪些个人素质。对正在进行创业的主体的行为调查，是否已探明他们的具体行为是什么，他们主要选择的行业和进入的领域是哪些，有哪些创业形式等。

各小组汇报结束后，教师要最后对本次教学主题选择的理由向学生作进一步说明，这次考察教学的目的是希望通过大家有计划和负责的行动，亲自走入真实环境，对农村经济领域创业的环境、创业的机会、创业的条件和挑战等获得最真实的认识，既为大家进行了一次别开生面的创业知识的教育，又是一次新任务开发的训练。

（5）反馈

本案例反馈的引导问题与案例一基本一致。同样可以从考察内容、考察过程的组织、考察结果的评价等几个方面出发，最后大家一起分享本次考察的经验和教训。

6. 教学效果评价

选择本主题进行调查，一方面是想让学生了解对创业有所了解，包括创业的外部环境，内在条件，机会与挑战等，为未来职业选择作准备；另一方面也是一次学生自我行动的探究性学习体验。与案例一比较，本案例由于任务前提条件不一样，因此，教学过程的设计基本属于边设计、边执行，任务完成难度较案例一大。在调查准备阶段教师选择采用卡片法，由学生自主提出各种想调查的内容，再根据内容归纳为几个主要方面，从工作开始就体现学生的主体性，教学效果好。与案例一相比本案例的探索性更强，由于“创业”问题可能比较受学生关注，因此，学生参与积极性应该比较高，教师在整个教学过程中精心指导，能够获得较好的教学效果。

二、应用分析

1. 应用条件

本案例教学同样适合在农村经济管理专业三年级的实训环节采用。但由于教学目标与上一案例有所不同，因此对学生的能力要求也是不同的。案例一中主要是让学生走入现实世界，自己设计行动计划，“感受”现实世界、侧重点在了解、体验。本案例探究性学习的教学目的更强，给定的已知条件较少，对学生的能力要求更高，不仅要求学生具备较好的专业知识能力，更重要的是要具备较好的方法能力和社会能力，才能顺利完成本次学习任务。教师在选用本案例进行教学时，要充分考虑教学的各方面条件是否具备，如当地政府对创业问题的关注度如何，学生完成任务的能力如何、自己对该主题任务完成是否有把握等。教师要充分备课，对各种困难进行全面估计，并预先对调查执行工作进行前期的准备，以便在调查过程中能够给学生有效的指导。

2. 注意事项

① 因本案例学习任务的完成有一定难度，教师要注意全程协助和指导，同时要注意给学生精神鼓励，让学生将这次任务视为走入社会前的一次历练，鼓励学生克服困难，不畏挫折，高质量完成学习任务。

② 提醒学生的调查问卷和访谈提纲设计要注意设计调查对象的电话号码选项，以备对遗漏的问题和选项进行补充调查。

③ 此教学是在真实的环境中完成，且调查地点流动性强、跨度大，在调查过程中教师要注意强调注意安全问题。

参考文献

[1] 同济大学职业技术教育学院，中华人民共和国教育部与德国InWent协会举办中德合作职教师资专业教学法培训班培训教材，2009，8.

[2] 叶敬忠，张楠，杨照. 不同角色对新农村建设的需求差异[J]. 农业经济问题，2006（10）.

[3] 巩玉涛，贾海薇. 浅议政府在社会主义新农村建设中的作用[J]. 湖北社会科学，2006（11）.

[4] 王朋. 农民对新农村建设认识程度和满意程度比较研究——基于对浙江省长兴县典型农业大镇和工业大镇的调查[J]. 小城镇建设，2007（1）.

[5] 刘光明，宋洪远.外出劳动力回乡创业：特征、动因及其影响——对安徽、四川两省四县71位回乡创业者的案例分析[J]. 中国农村经济，2002（3）.

[6] 阳立高，廖进中，张文婧等.农民工返乡创业问题研究——基于对湖南省的实证分析[J]. 经济问题，2008（4）.

第十二章　农村经济管理专业项目教学法

第一节　项目教学法概述

项目教学法是指通过一项完整的“项目”工作而进行教学活动的教学方法。这里的“项目”是指以生产一件具体的、具有实用价值的产品为目的任务。一般而言，在生产技术领域中所有的产品几乎均可作为“项目”，如门窗（木工）、蒸汽机（机加工）、报警器（电工）等；在商业、财经和服务行业中，所有具有整体性特性并有可见成果的工作皆可作为“项目”，如销售业的商品展示、广告设计，计算机专业的应用软件开发等。项目教学法适合传授操作性知识，计划工作过程、确定每个小组成员的工作任务，决策过程等方面的教学。

一、项目教学的意义

项目教学法是一种客观教学方法，旨在实现学生学习过程的组织和实施的独立自主性。项目教学能将课堂教学与“经验世界”联系起来，有利于培养学生独立、富有责任意识解决实践问题的能力，团队工作的能力和解决复杂的跨专业问题的能力。

二、项目教学的特点

项目教学法的基本特征是：问题导向，独立决定，与经验密切相关，目标和产品导向。项目教学法的基本特征使得项目教学具有明显的实践性、独立性和主体性等特点。它是产教结合的一种具体实践。

三、项目教学的一般程序

项目教学需要建立在教师充分准备的基础上，主要是指导和帮助学生解决困难问题。

① 确定目标任务。通常由教师提出一个或几个项目任务，并征求学生意见，或与学生一起讨论，最终确定项目的目标和任务。

② 编制项目计划。一般是在教师指导下，由学生根据自己情况确定分工与合作方式，然后制定实施计划、确定工作程序。

③ 项目实施。学生根据已确定的实施计划进行具体的实践活动。

④ 检查评估。项目任务完成后，一般先由学生自评，再由教师对项目成果进行检查评价；亦可师生共同讨论、评判工作中问题的解决方法、学习行为特征等。

⑤ 归档或结果应用。

四、项目教学的要求和注意事项

① 将某一教学课题的理论和项目的实践活动结合在一起。

② 与企业生产过程或实际的商业活动结合在一起。

③ 应尽量让学生自行组织、安排自己的学习或劳动行为。

④ 项目应具有一定的难度，既应是已有知识、技能的应用，又应运用已有知识与技能在一定范围内解决未遇到过的实际问题。

第二节　项目教学法专业应用一

一、项目教学法案例一

本案例以“农产品营销”课程中的园艺产品市场营销调研为核心内容，分析基于实践基础上形成书面报告书即“抽象产品”的项目实施项目教学法的教学过程设计和教学技巧。

1. 项目任务

园艺产品市场营销调研。

2. 教学对象

具有一定的市场营销基本知识并对大宗农产品有一定了解的农村经济管理专业三年级下学期学生。

3. 教学目标

学生能够系统地收集、记录与园艺产品市场营销有关的大量资料，加以科学地分析和研究，能够分析农产品生产经营者及企业产品的目前市场和潜在市场，并对某种园艺产品市场供求变化及价格变动趋势进行预测，为企业经营决策提供科学依据。能够撰写出一份合格的园艺产品市场营销调研报告，并触类旁通，能对其他农产品进行科学的市场营销调研。

4. 教学内容

农产品市场营销调研。

5. 教学媒体及工具

除传统教学媒体如教师语言、黑板、粉笔等外，采用现代教学媒体，实行多媒体教学。

6. 实施过程与步骤

项目教学法中项目工作的过程分为信息—计划—决策—执行—评价—迁移六个阶段。现就园艺产品市场营销调研的项目教学实践过程剖析如下：

园艺产品市场营销调研

阶　段	能力（培养目标）	内　容	社会形式	活动形式	教学步骤
信息（4学时）	语言能力、交流能力、方法能力	品种、质量、生产量、需求量、销售渠道、调查对象、市场（批发、零售）、价格、销售渠道	小组	上网、考察、阅读、讨论	确定主题—分组—明确任务—方法指导
计划（4学时）	规划、组织、协调、独立思考能力	确定调查目标、选择方案、问卷设计、项目计划、调查费用预算、权责分配、时间安排	小组、全体	讨论、咨询	教师指导—学生规划—学生汇报计划成果—全体学生相互交流
决策（2学时）	判断能力、选择能力、创造能力	确定具体实施项目计划中的工作任务，如确定调查目标、调查项目、调查方法、调查人员	个体、小组	讨论	学生自主、教师指导
执行（24学时即3天）	协同工作能力、专业能力、自我控制意识	调研、收集资料、资料整理、提出调查报告	个体、小组	调研、活动、沟通	学生自主、教师引导
评价（2学时）	反思能力、自我评价能力	调查设计的合理性、调查内容的完整性、调查结论与建议的可行性、时效性、经济性	个体（自评）、社会、教师（他评）	汇报、讨论	小组汇报—讨论—教师总结
迁移（2学时）	举一反三、触类旁通	其他农产品如肉类产品、乳制品、水产品的市场营销调研	小组、全体	讨论	学生自主、教师引导

7. 教学效果评价

① 采用项目教学法，学生能够选择自己感兴趣和比较熟悉的主题，如从众多园艺产品中选择猕猴桃、柑橘、草莓、葡萄作为市场营销调研的对象，理论联系实际，大大提高了学生学习的积极性和分析问题、解决问题的能力。

② 通过项目开发，有助于学生学习过程的组织和实施独立自主性。学生对农产品市场营销调研的基本程序有了比较清晰的认识，能够比较好地掌握调查目标、调查计划的确定，资料的收集与整理，以及调查报告的撰写。

③ 在项目开发的过程中，体现了个体自主思考、决策与小组（团体）协调合作、讨

论的结合，有利于发挥发挥学生独立思考能力、组织协调能力、团结合作能力以及口头辩论能力。

④ 通过评价阶段，有利于学生自我评价与评价相结合，提高了客观分析问题和明辨是非的能力，也有利于正确的价值观的形成。

⑤ 由于学生个体差异，以及综合运用知识能力的差异，组内成员的目标和行动往往会存在分歧，各个组间的进度也存在差异，对教学效果会产生一定的影响。

二、应用分析

园艺产品市场营销调研是一个典型的基于实践基础上形成书面报告书的项目，产品即市场营销调研报告较抽象，与现实中的产品（product）存在一定的区别。

1. 应用条件

项目教学法是师生通过共同实施一个完整的“项目”工作而进行的教学活动。在中等职业学校农村经济管理教学中，项目的选择应该先是针对某个教学内容而设计的能由学生独立完成的、可以收到良好教学效果的小任务，然后过渡到某种具有实际应用价值的产品。

具体地说，该项目教学法应该满足下列条件：

① 一般而言，一个项目是计划好的有固定开始时间和结束时间的工作，原则上项目结束后应有一件可以看到的产品，产品可以是狭义的实实在在的物品，也可以是计划书、调研报告、签订好的一份合同等。

② 该项目过程可以用于学习、巩固理论教学内容，即农产品市场营销调研的相关理论知识。

③ 能将教学内容的理论与实践结合在一起。项目开发必须是与职业工作密切相关的主题，项目中有待解决的问题应同时包含理论与实践两个元素，项目成果能够明确定义。

④ 项目能够激发学生的学习兴趣，通过情境导入、自主确定主题，有效激励参与人来实施市场营销调研项目，唤起所有参与人的兴趣与参与意识。

⑤ 项目的实施具有一定的综合性，尽量结合其他学科。如调研报告的写作、调研资料、数据的整理与处理等。

⑥ 具有一定的难度，不仅是已有知识、技能的应用，而且还要求学生运用新学习的知识、技能，解决过去从未遇到过的实际问题；且遇到困难能在教师有限的指导下自己克服。

⑦ 学生有独立进行计划工作的机会，在一定的时间范围内可以自行组织、安排自己的学习行为。

⑧ 有明确而具体的成果展示。

⑨ 有明确的评分标准，可以对完成的项目进行评价。学习结束时，师生共同评价项目工作成果和工作学习方法。

2. 注意事项

在项目教学中，学习过程成为一个人人参与的创造性的实践活动，所以在注重项目完成质量的同时，更要注重完成项目的过程。而在农产品市场营销调研项目的具体实践中，应该注意以下问题：

第一，确立和选择具有实用价值的项目。项目的确立要充分考虑以下因素：首先，项目要包含农产品营销中有关市场营销调研的相关知识，并尽可能地融合多门课程的知识点，避免项目过大或过小；其次，项目的难易度要符合学生的实际学习水平，并且要有不同难度的项目供学生选择；再次，项目的确立和选择不仅要符合农村生产实际，更要贴近学生的生活，不能太抽象，要被大多数学生所认同。所以，一般采取部分学生申报教学内容相关主题，然后大家选择自己偏爱的主题，然后分组。

第二，做好项目实施前的准备工作。学生在进行项目实践之前，教师要对项目有关的新知识进行讲解和对项目具体实施的方案进行解释，如市场营销调研的类型和方法，问卷设计的格式和程序、抽样方法的选择、农产品市场营销调研的程序等等，新知识的讲解要集中时间，抓重点，讲精髓，讲概要，不能过细。在进行项目实践之前，教师要明确项目组的任务即提交一份合格的某种园艺产品市场营销调研报告，并对项目实施的方案和具体实施步骤进行讲解。

第三，项目组的确定要注意原则性与灵活性相结合。项目是由项目组合作来完成的。即要考虑组员的分工又要考虑合作，要发挥学生们特长，体现学生的知识互补性，使学生能够相互学习，共同提高，全面地提高学生职业能力。在该项目教学中，主要基于学生对某种园艺产品如葡萄、猕猴桃、苹果、柑橘或草莓的熟悉或喜爱程度，自主选择项目组。但老师可以根据组员人数以及学生知识能力等方面适当进行调整。

第四，项目活动中处理好教师与学生的关系。项目教学法与传统的教学法相比主要表现在由以教师为中心转变为以学生为中心，由以课本为中心转变为以“项目”为中心，由以课堂为中心转变为以实际经验为中心，学生是认知的主体、是知识意义的主动建构者。所以，在项目的组织和实施过程中，要充分体现学生的独立自主性。但是，项目组在完成项目的过程中教师要根据学生实际需要提供适当的咨询和指导，帮助学生自己解决问题。

第五，项目评价要实施自评和他评相结合。项目完成过程是学生自我学习、自我提高过程，要对项目的成果、学习过程、项目经历、学习效果进行客观的评价和总结，项目问题其他解决方案、项目过程中的错误和成功之处进行讨论。项目质量总结可以帮助学生明晰项目完成的最佳方案和实施步骤及解决问题的方法，激励学生进一步提高职业技能。学习效果总结可以帮助学生融合所学的知识，避免会学习知识而不会使用知识的怪现象。通过由教师与学生共同评价项目质量和实施步骤总结和学习效果，使学生既体会到完成项目的成就感，又找到差距和不足，找到理论教学和实践教学的结合点，体会项目教学法的精髓。

第三节　项目教学法专业应用二

一、项目教学法案例二

本案例以农家乐（开发）项目为例，分析基于行动导向下项目教学法的教学技巧和教学特点。

1. 项目任务

近郊农家乐项目设计。

2. 教学对象

已学习“农村家政经营”或“农产品营销”课程，具有一定的农业经济管理、乡村旅游以及市场营销基础知识，具有文字处理等计算机操作基本技能，对乡土风情、特色饮食、民俗文化和农产品特色有一定了解的学生。

3. 教学目标

使学生能够讲述农家乐的内涵、特征及类型的基础上，分析发展农家乐的意义以及现阶段农家乐发展过程中存在的主要问题及应对措施。能够根据农家乐设计的原则，确定近郊农家乐项目设计的主要内容，并能总结、分析农家乐设计的注意事项和要点。

4. 教学内容

农家乐的设计。

5. 教学媒体及工具

多媒体教学辅之以黑板，并配备计算机、卡片等。

6. 实施过程与步骤

根据项目教学法中项目工作的六个步骤即信息（确定主题）——计划——决策——执行——评价——迁移对“近郊农家乐项目设计”的项目教学实践过程剖析如下：

阶　段	能力（培养目标）	内　　容	社会形式	活动形式	教学步骤
信息（2学时）	语言能力、方法能力、沟通能力、协调能力	组织学生讨论项目任务和目标： 农家乐的类型、特点、特色饮食、乡土风情、田园文化、生态条件、建筑风格、设施装备、项目设置、服务质量等级、名称、顾客、投资规模等	小组、全体	考察、阅读、咨询、讨论	确定主题 ——分组 ——明确任务 ——方法指导
计划（2学时）	独立思考能力、自主设计能力、综合运用能力、规划及组织协调能力	学生针对项目工作设计一个工作计划：项目名称、设计风格、开发设计内容、项目特色、功能创新、调研方案、项目预算、权责分配、时间安排等	小组、全体	讨论、咨询	学生设计计划——学生汇报计划成果——全体学生相互交流——教师指导
决策（2学时）	判断能力、协同工作能力、自我控制意识	学生创造性地、独立地开发项目问题的解决方案。分工行动	个体、小组	调研、活动、讨论	学生自主、教师指导
执行（16学时）	协同工作能力、专业能力、自我控制意识	基于项目计划，学生通过调研、讨论、咨询，有步骤地解决项目问题。分工行动	个体、小组	调研、咨询、活动、沟通	学生自主、教师引导

续表

阶　段	能力（培养目标）	内　　容	社会形式	活动形式	教学步骤
评价（2学时）	反思能力、自我评价能力	在小组进行成果汇报的基础上，教师、学生及农村合作经济组织代表、企业代表、农民代表对项目成果、学习过程、项目经历进行评价和总结。侧重于项目名称、设计内容、产品和服务特色、经济成本、预期经济和社会效益等	个体（自评）、教师、其他学生及农民、企业代表（他评）	汇报、讨论	小组汇报——讨论——教师总结
迁移（2学时）	举一反三、触类旁通	其他地区农家乐设计、乡村旅游的开发设计	小组、全体	讨论	学生自主、教师引导

7. 教学效果评价

① 农家乐作为一种新兴的旅游产业形式，是以农业为载体，既有农业生产功能又有旅游活动功能的新型产业，在我国越来越受到城市消费者的青睐，具有广大的发展空间。选择某个乡村地点进行农家乐设计，有利于学生理论联系实际，学以致用，提高分析和解决问题的能力。

② 农家乐是农业与旅游业的产业兼容，通过项目考察、调研、设计、开发，有利于培养学生综合运用和解决复杂的跨专业问题的能力。

③ 通过个体独立思考、操作，小组讨论、协同合作，全体学生讨论等形式，既培养了学生独立解决问题的能力，又提高了学生团队工作、协同合作以及自我控制能力。

④ 通过自我评价，提高了学生反思能力，通过教师评价、其他学生评价和代表评价，提高了学生明辨是非，正确对待评价的能力。

⑤ 由于农家乐设计是一项综合性的项目，对学生的要求高，既需要农业、农业经济、旅游等相关专业知识，又要了解乡土风情、人文地理等基本知识。对于一些学生知识基础和综合运用能力相对较差的学生，设计起来有一定的困难。因此，同学们之间的帮助显得特别重要。

二、应用分析

近郊农家乐项目设计是针对近郊某个乡村的人文地理、生态环境、农业特色等，在调研的基础上进行的具体设计项目，其任务较具体。在应用时应注意以下几个方面：

首先，针对教学内容设计和选取项目是保证项目教学法开展的关键。本项目基于“农家乐经营管理”课程中的“农家乐设计”这一章节的内容来选取项目，以教学内容为依据，同时考虑社会经济发展热点问题，以及学生兴趣爱好、层次特点以及调研的便利性，通过讨论确定近郊某个乡村为对象，做到知识性与趣味性、理论性与应用性的结合。

其次，实现以课堂教学为中心的教学模式向以项目组为中心的学习模式的转变是项目教学法成功实施的保证。在确定项目主题、制定计划、决策、执行等各个环节以小组为主要形式，体现项目小组的学习能力、工作能力以及协作能力。由于采取分组协作学习的方式，其分组的原则、组员搭配、内容分工等方面直接影响到实施的效果。项目教学法在实施过程中，教师必须合理分组、明确分工，加强监督管理，并针对部分基础较差的学生，推行“一帮一”的措施，提高教学效果和质量。

在项目实践过程中，教师已经不是传统教学中的课堂主导者，而是成为学生学习过程的引导者、指导者和监督者。学生主动地去理解和把握课程要求的知识和技能，体验创新的艰辛与乐趣，从而培养分析问题和解决问题的思想和方法。

最后，确定项目的评价标准和方案是客观考核学生学习效果的重要举措。对于“近郊农家乐项目设计”涉及这样的任务，应注重学生职业能力的考核，使学生更加注重职业能力的学习和培养。具体来说，以组为单位进行考核，由项目组组长汇报项目成果和学习体会，其他成员综合评价设计是否符合设计原则和要求，是否达到经济效益与社会效益、可持续发展的统一。此外，在考核项目成果的同时，不能忽视项目完成过程的考核，学生各个阶段的表现将是评价项目完成情况的重要因素。

参考文献

[1] 石伟平.“项目教学法”在中职计算机教学中的运用研究[J]. 职业与教育. 2009（7）.

[2] 刘晓杰，杜娟. 项目教学法在《旅行社经营与管理》课程中的应用[J]. 黑龙江科技信息，2009（23）.

[3] 周慧秋. 农业经济管理[M]. 北京：中国农业科学技术出版社，2008.

[4] 巴克教育研究所. 项目学习教师指南–21世纪的中学教学法[M]. 北京：教育科学出版社，2007.

[5] 农业部农民科技教育培训中心. 农家乐经营管理[M]. 北京：中国农业出版社，2008.